4° Lf 77 4

1619

Lautier - Haultin

Figures des monnoyes de France [recueillies par Lautier, publiées par Haultin]

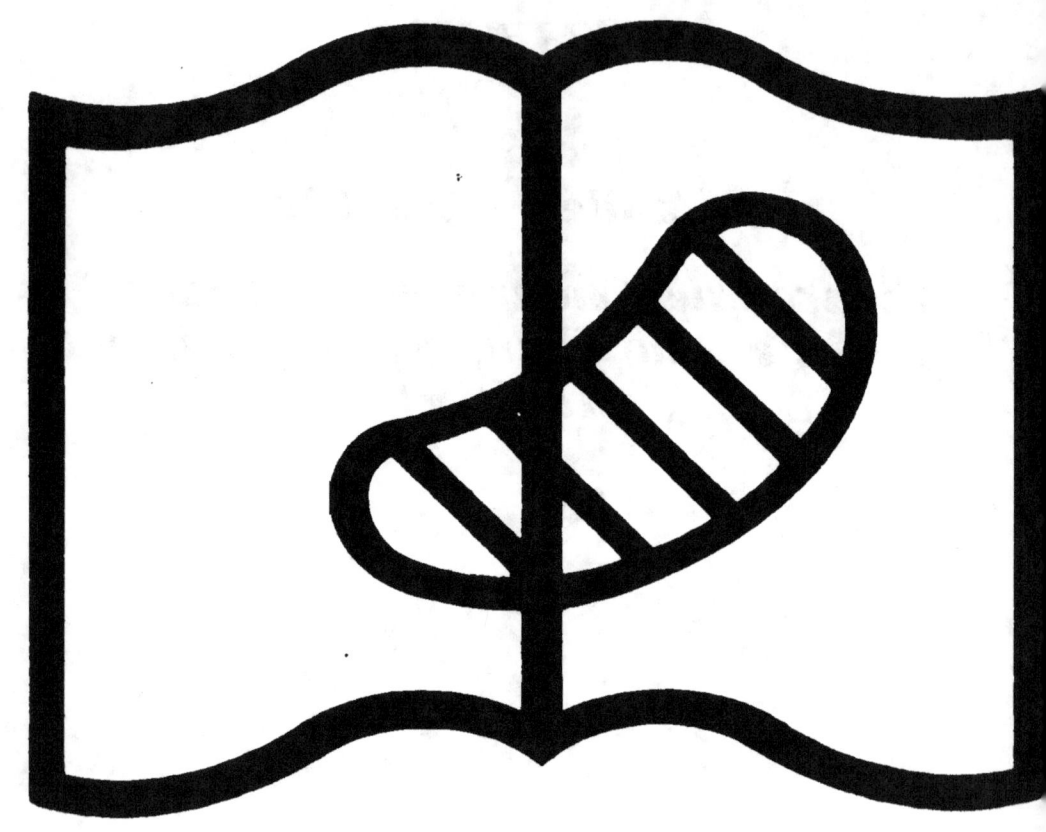

Symbole applicable
pour tout, ou partie
des documents microfilmés

Original illisible

NF Z 43-120-10

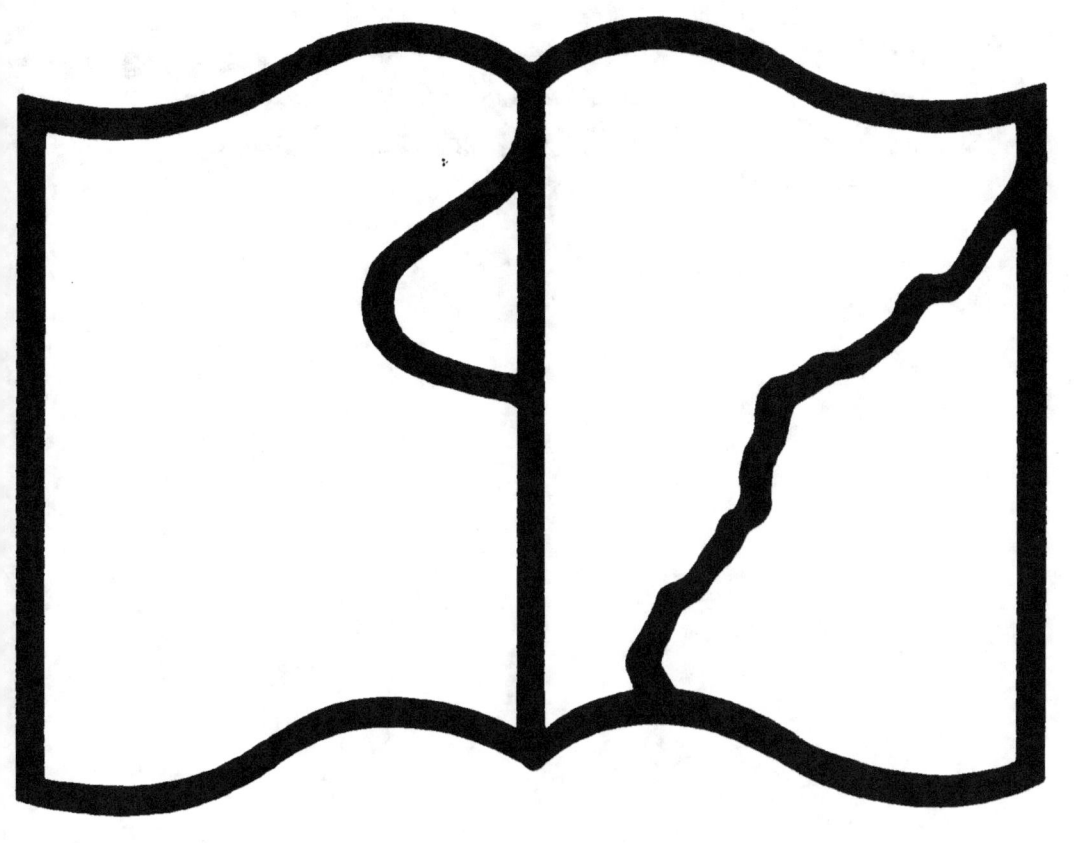

Symbole applicable
pour tout, ou partie
des documents microfilmés

Texte détérioré — reliure défectueuse

NF Z 43-120-11

Recueillies par Sautier, général des monnaies, et publiées par Hauttin, conseiller au Châtelet. Voy. le Catalogue de Clément et Brunet.

FIGVRES
DES MONNOYES
DE FRANCE.

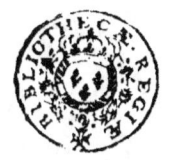

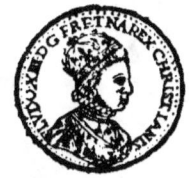 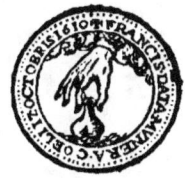

Par M. Haultin Cons.er au Chastelet.

M. DC. XIX.

iij

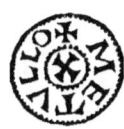 

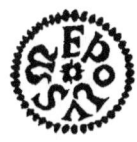 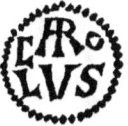

 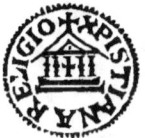

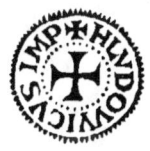 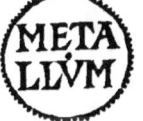

V

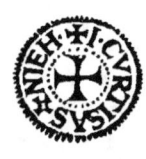 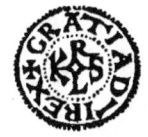

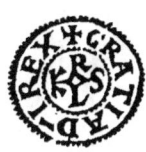 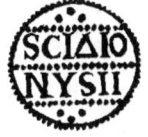

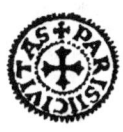 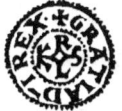

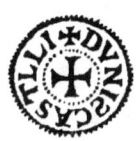 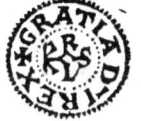

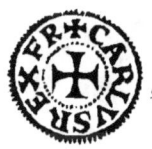 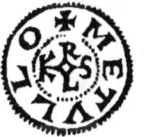

vij

 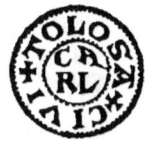

 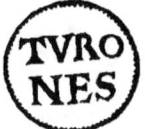

 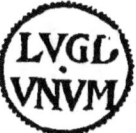

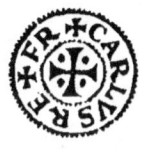 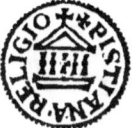

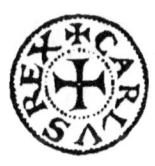 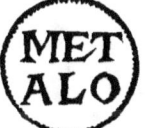

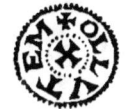 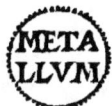

 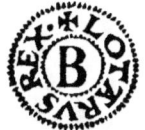

ix

PHILIPPE AVGVSTE.

 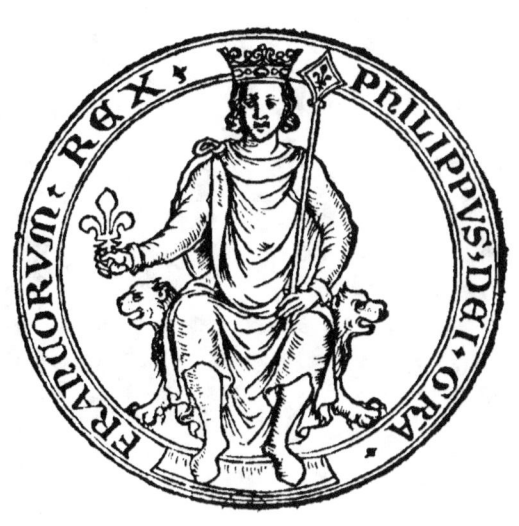

xiij

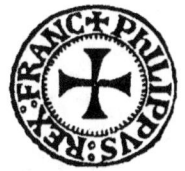 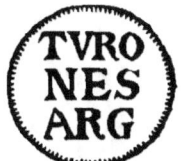

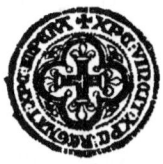 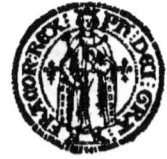

 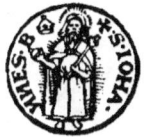

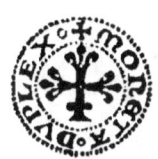 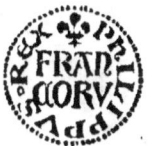

ph̄ aug

XV

 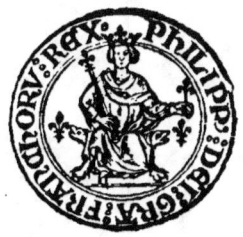

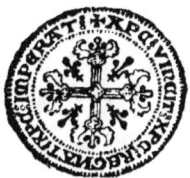 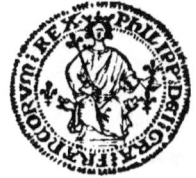

 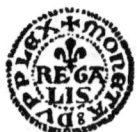

LOVIS VIII.

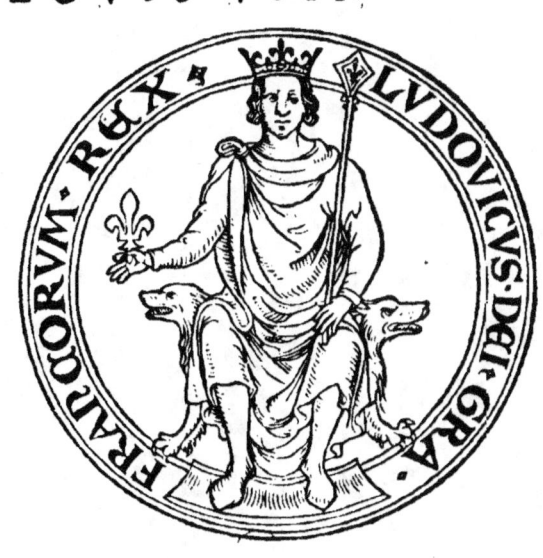
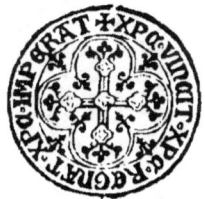
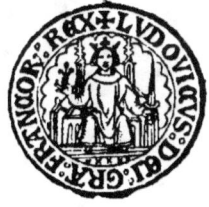

Louys 8

xix

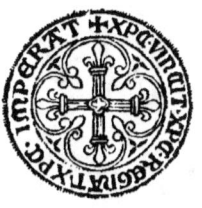 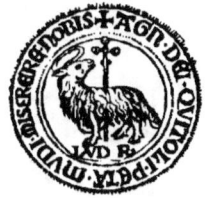

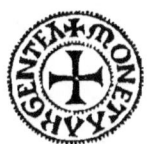 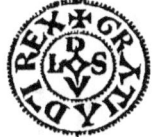

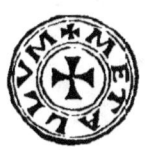 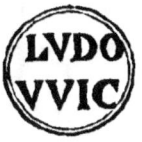

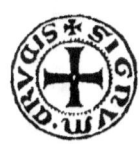 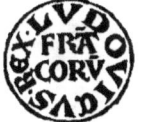

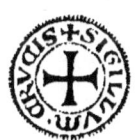 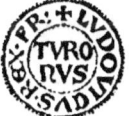

S.t Louys

xxj

SAINCT LOVIS.

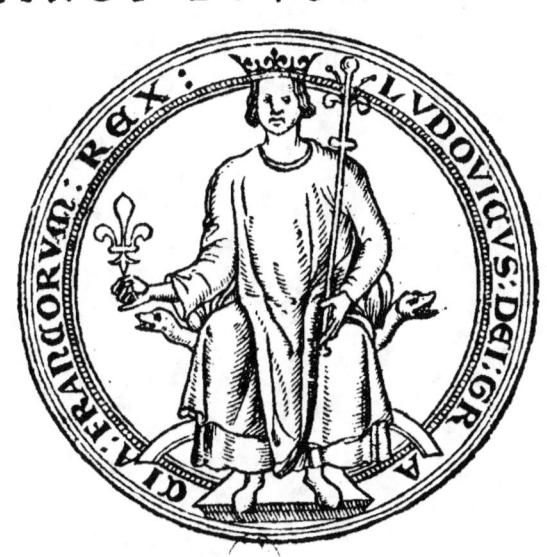
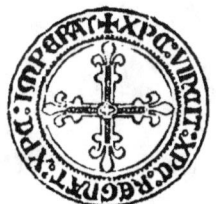
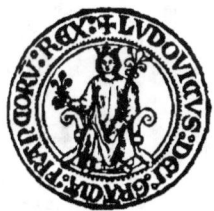

St Louy]

xxiij

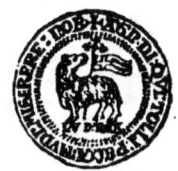

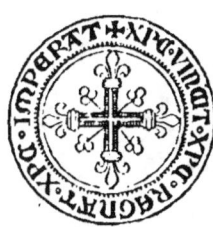
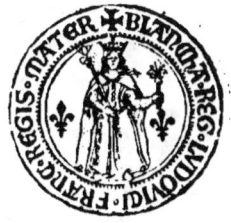

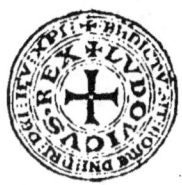
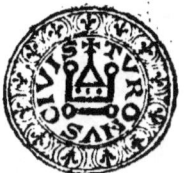

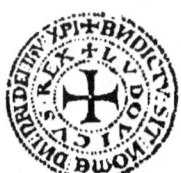

St. Louis

XXV

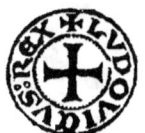 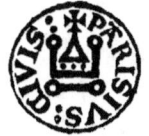

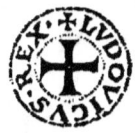 

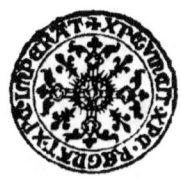 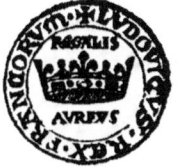

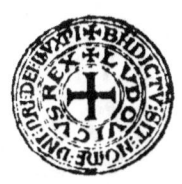 

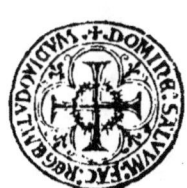 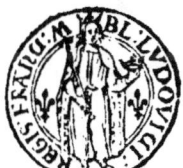

PHILIPPE III.

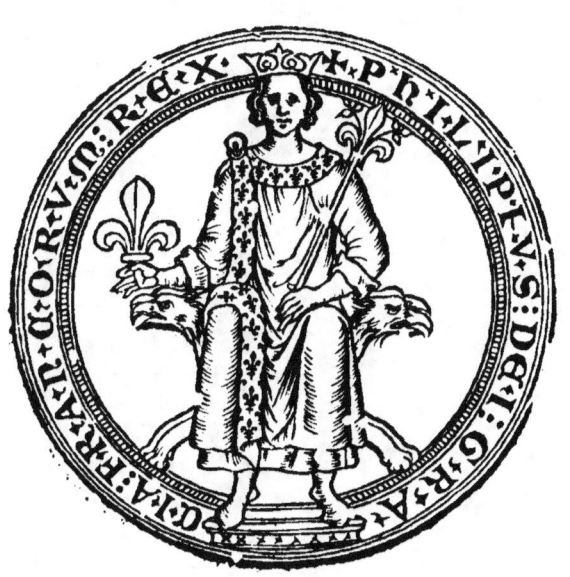

 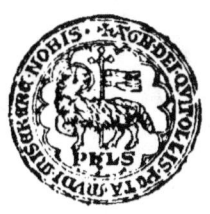

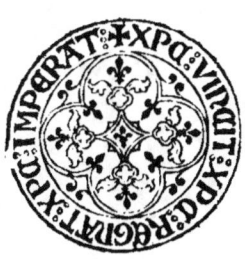 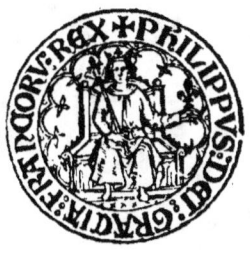

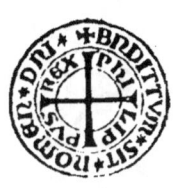 

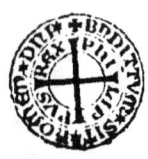 

pl̃ 3.   xxxj

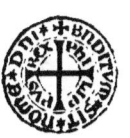 

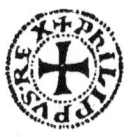 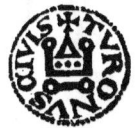

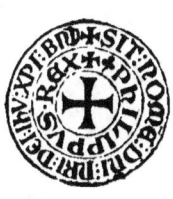 

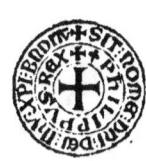 

PHILIPPE IIII.

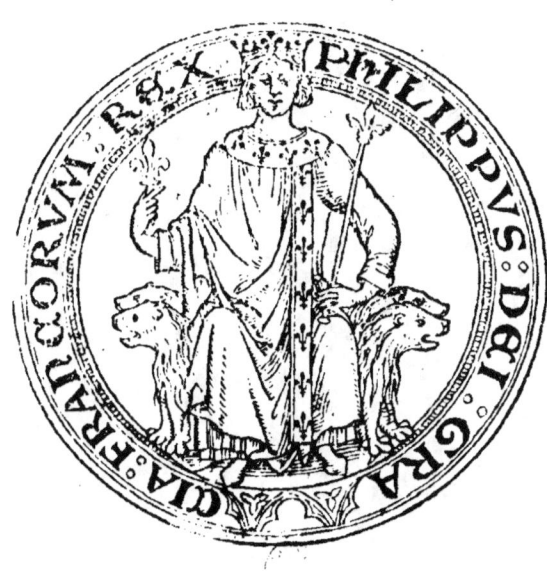 

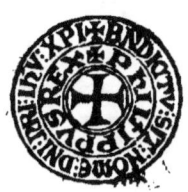 

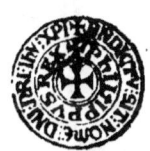 

pl. 4.

XXXV

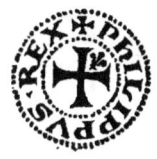
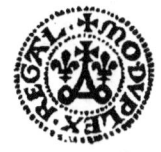

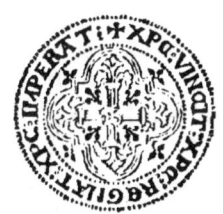
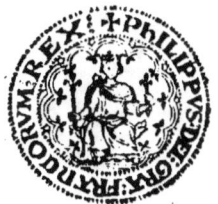

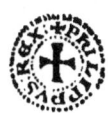
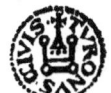

ph. 1.

xxxvij

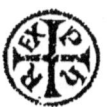 

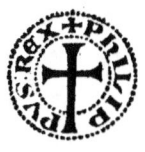 

 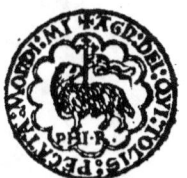

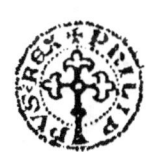 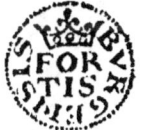

LOVIS X.

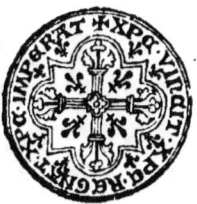 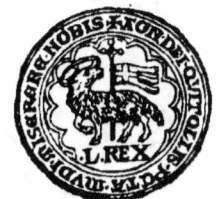

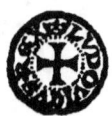 

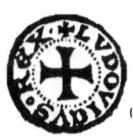 

Louys. 10.

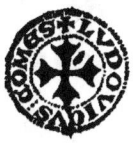 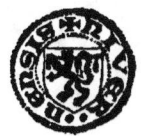

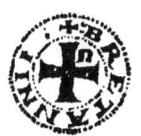 

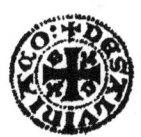 

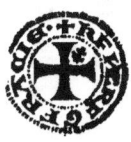 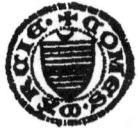

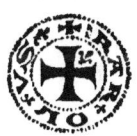 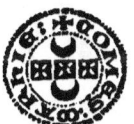

Louys. 10.

xliij

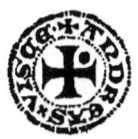 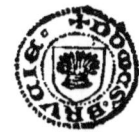

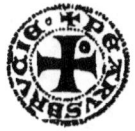 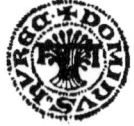

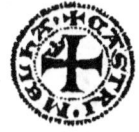 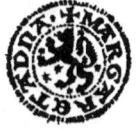

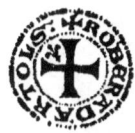 

 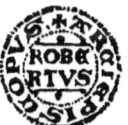

Louys. 10.

xlv

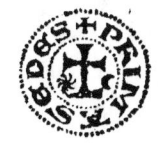
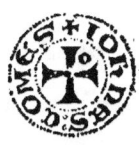
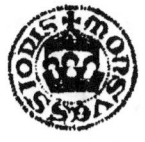
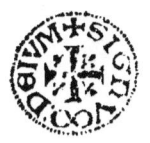

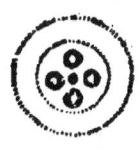
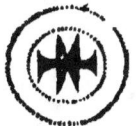
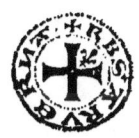
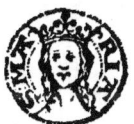

Tours. 10.

xlvij

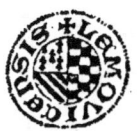 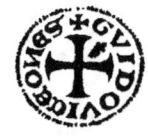

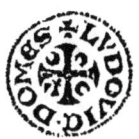 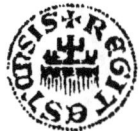

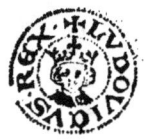 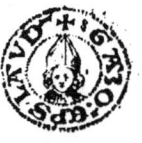

 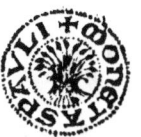

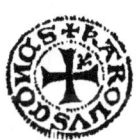 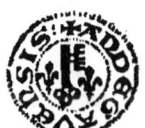

pbc. 5.

xlix

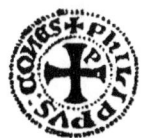 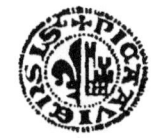

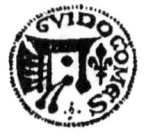 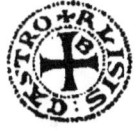

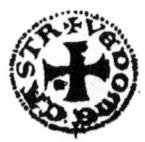 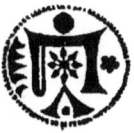

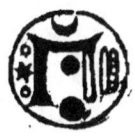 

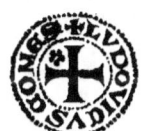 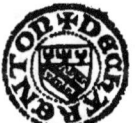

lj

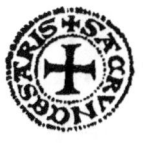 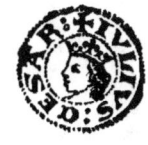

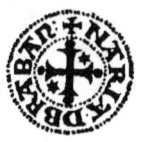 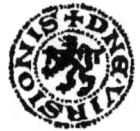

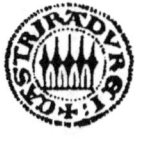 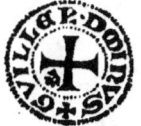

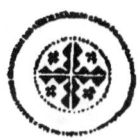 

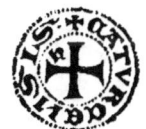 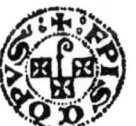

louys 10.

liij

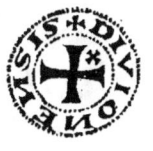 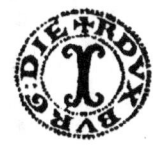

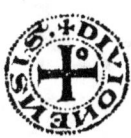 

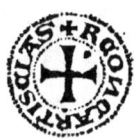 

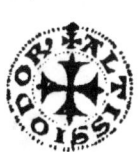 

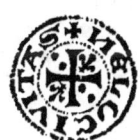 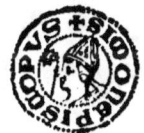

PHILIPPE V.

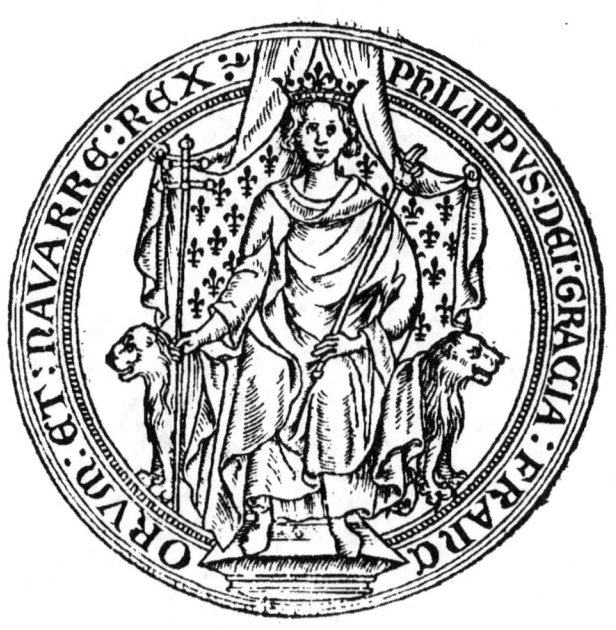

ph. 5.

lvij

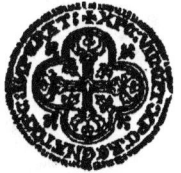
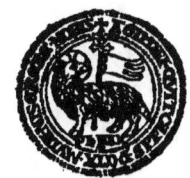

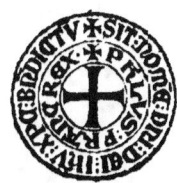

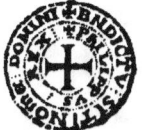

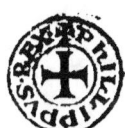

CHARLES IIII.

lix

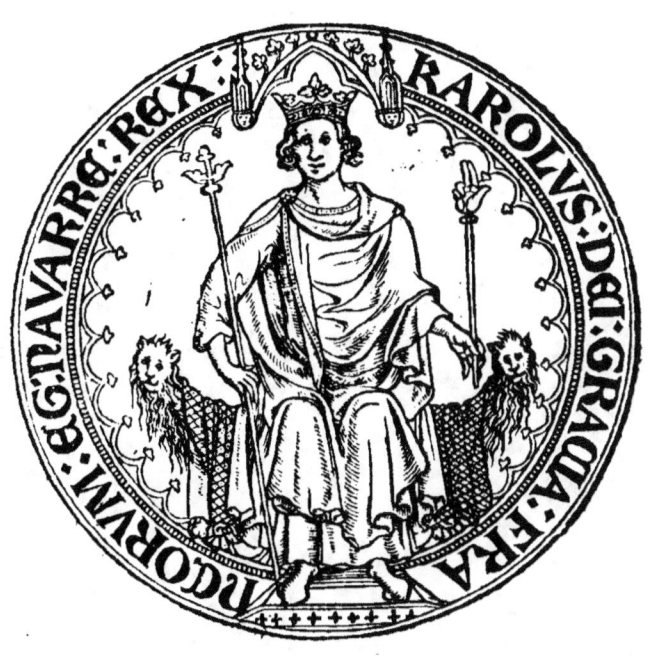

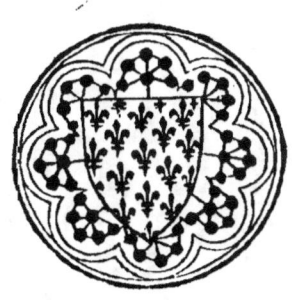

Chap. 4.

lxj

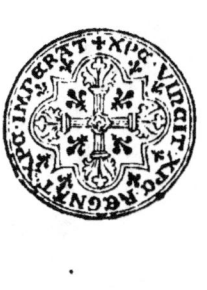 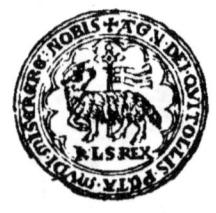

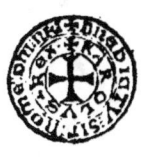 

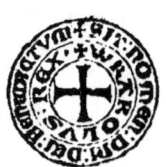 

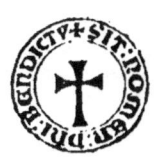 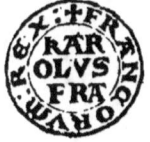

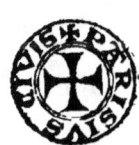 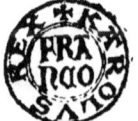

ch. 4.

lxiij

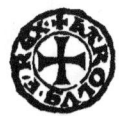 

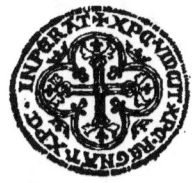 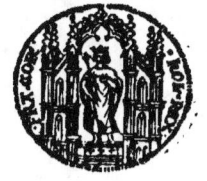

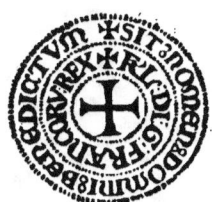 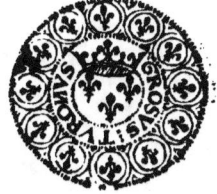

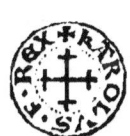 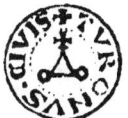

PHILIPPE DE VALOIS.

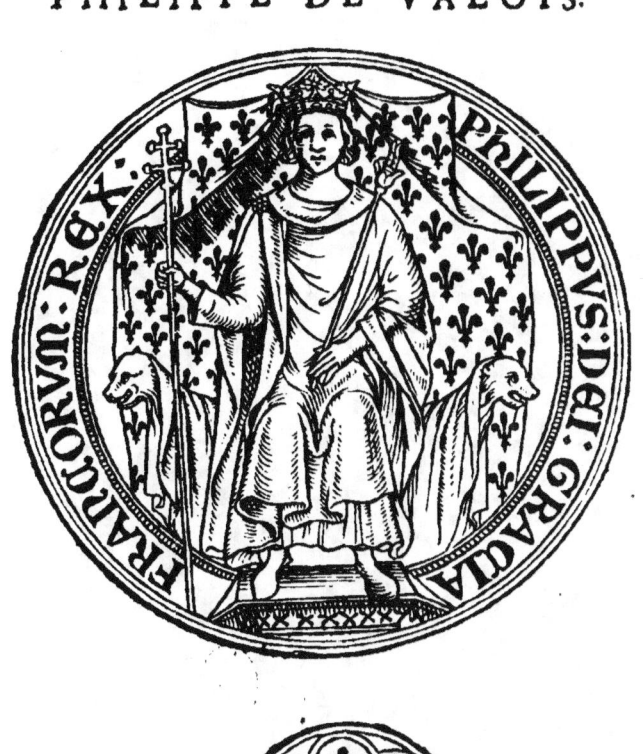

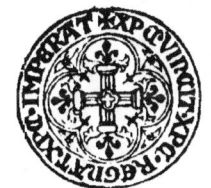 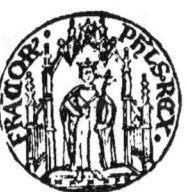

lxvij

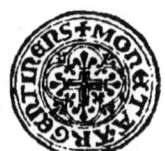 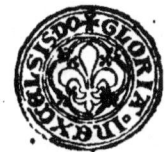

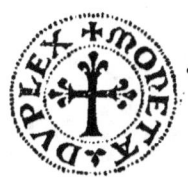 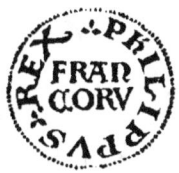

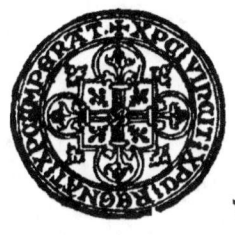 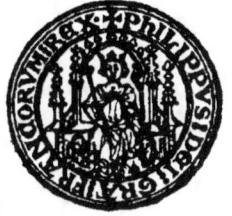

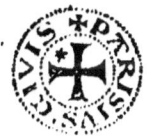 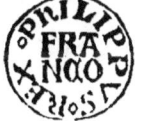

lxix

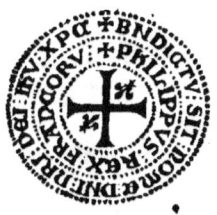 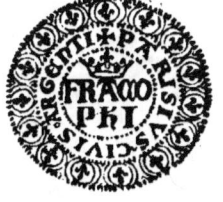

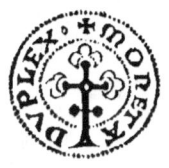 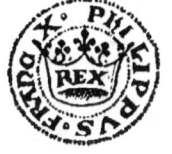

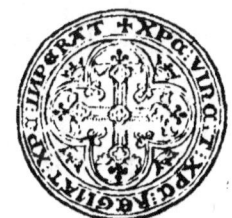 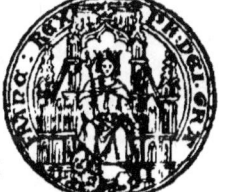

lxxj

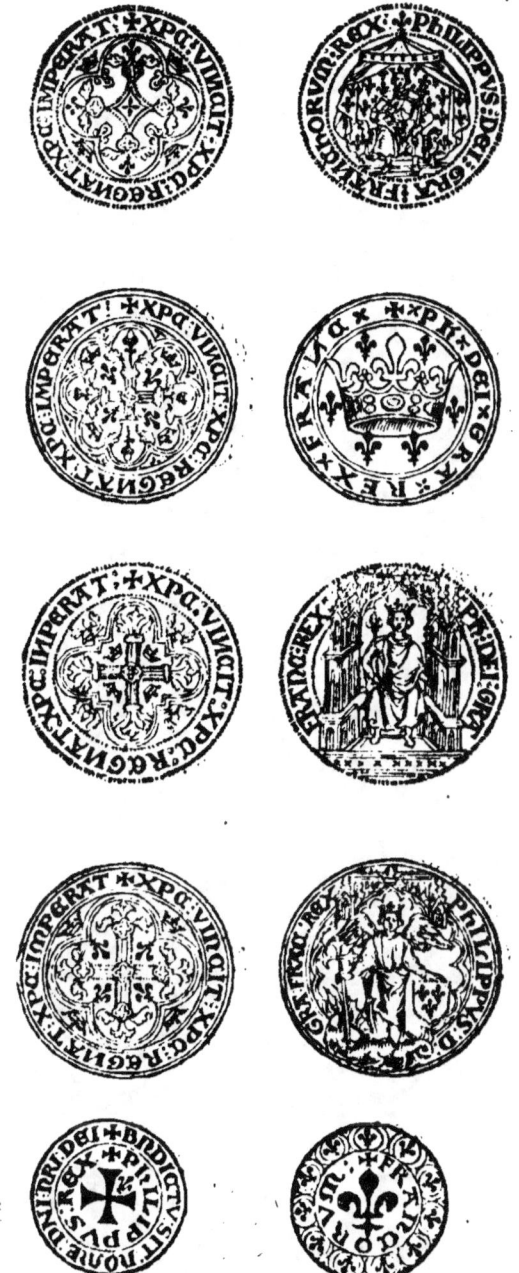

pl. 6.

lxxiij

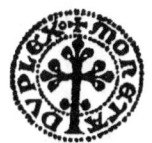 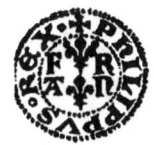

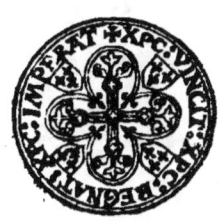 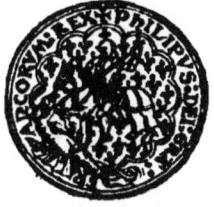

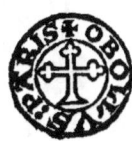 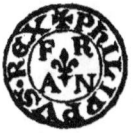

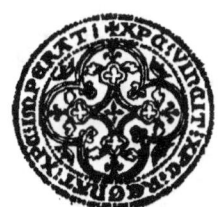 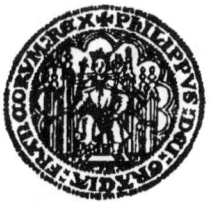

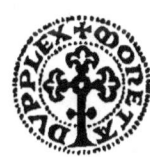 

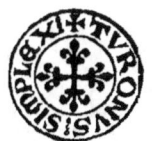 

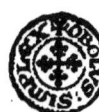 

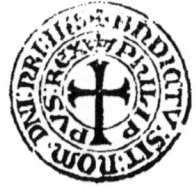 

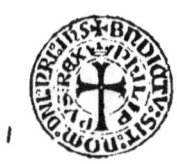 

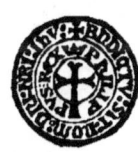 

LE ROY IEAN.   lxxvij

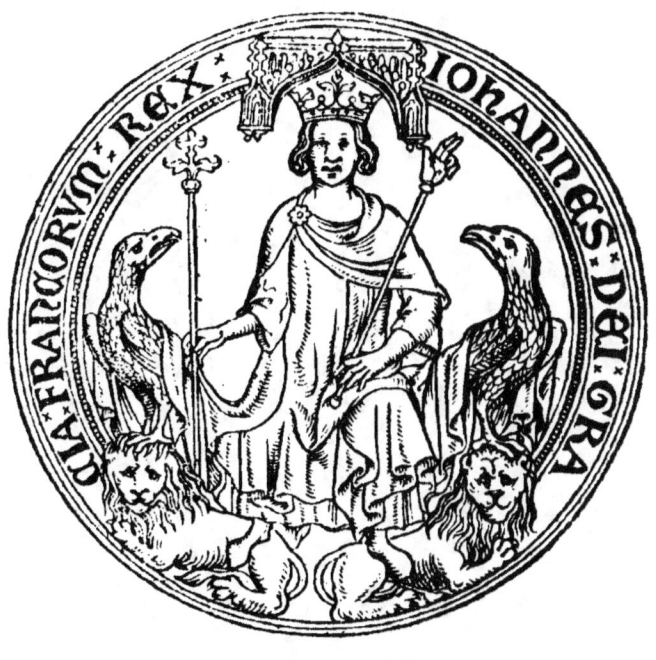

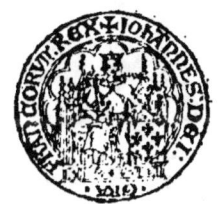 

Jean.

lxxix

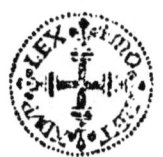 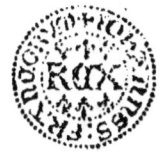

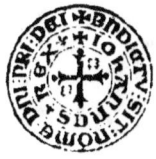 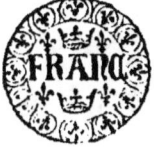

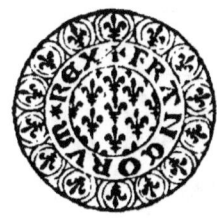 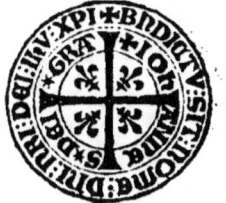

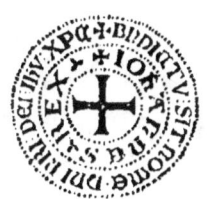 

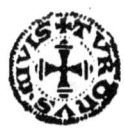 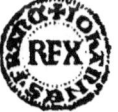

Jean.

lxxxj

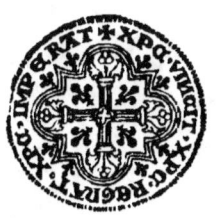
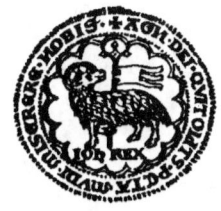

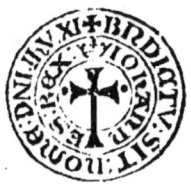

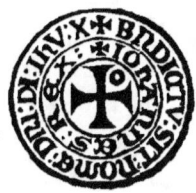

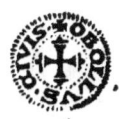
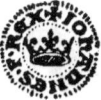

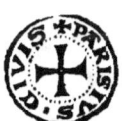
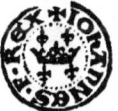

Jean.

lxxxiij

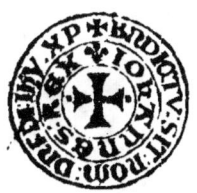 

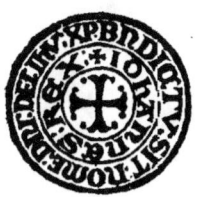 

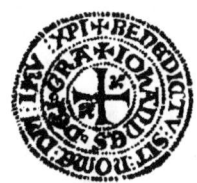 

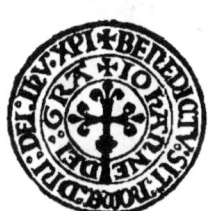 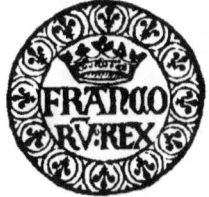

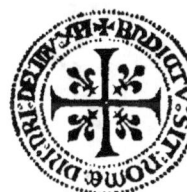 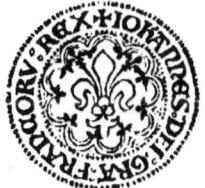

Jean

lxxxv

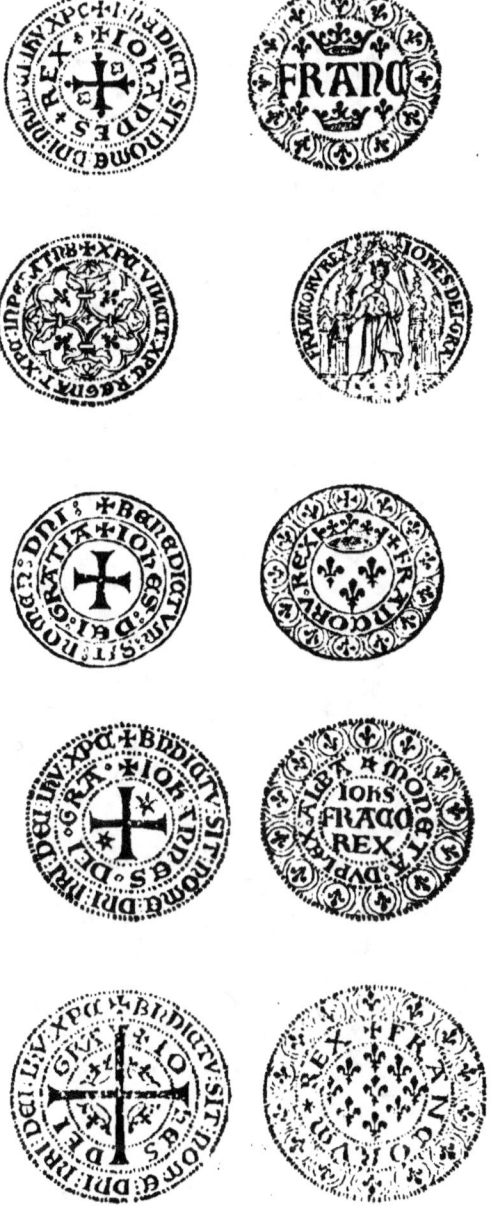

Jean.

lxxxvij

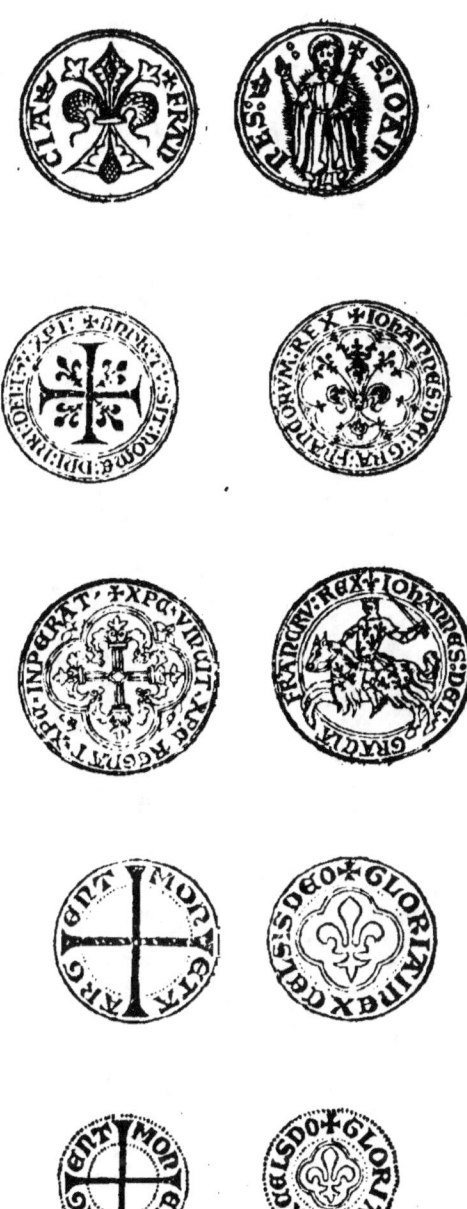

CHARLES V.

lxxxix

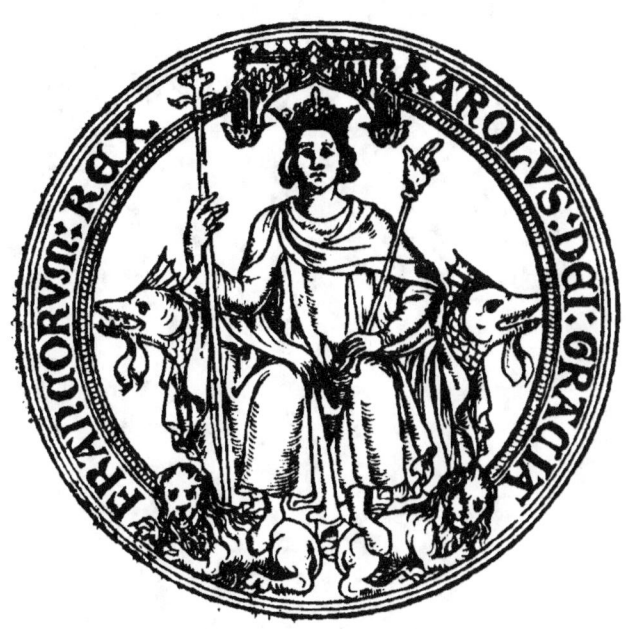

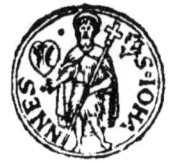 

CHARLES V.

lxxxix

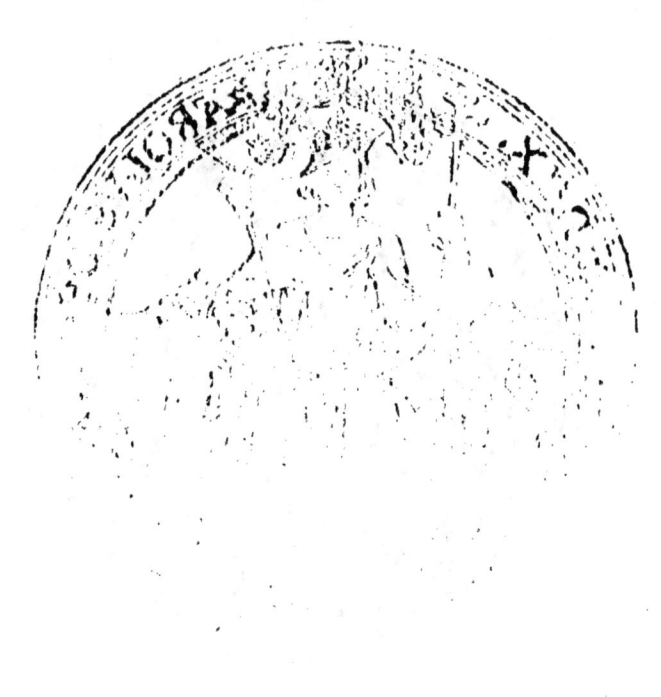

ch. 3.

xcj

 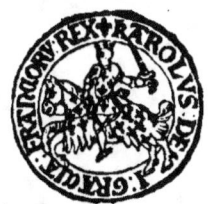

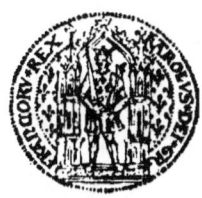 

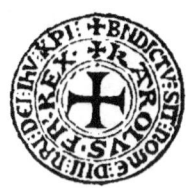 

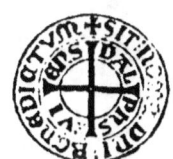 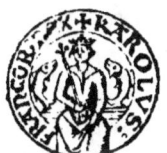

Jean.

xciij

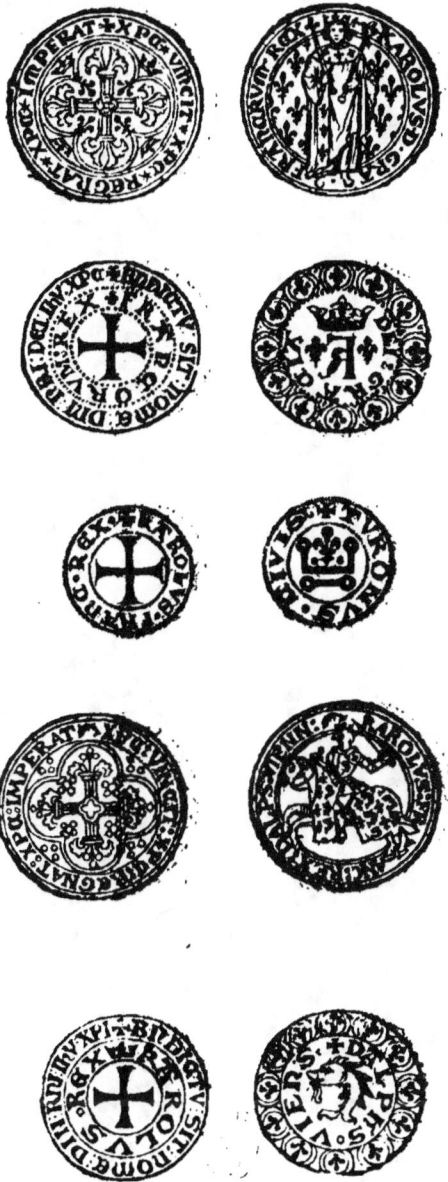

Jean.

XCV

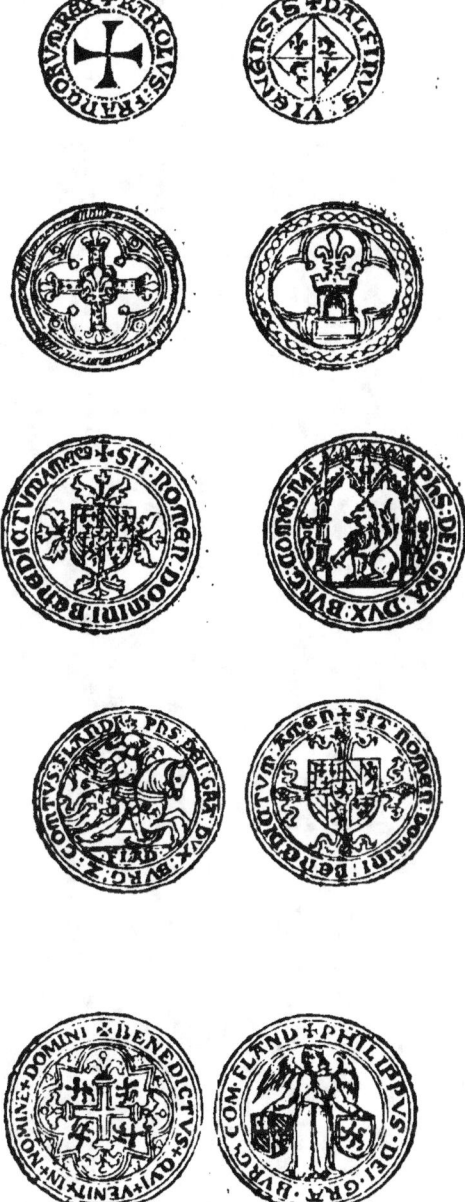

xcvij

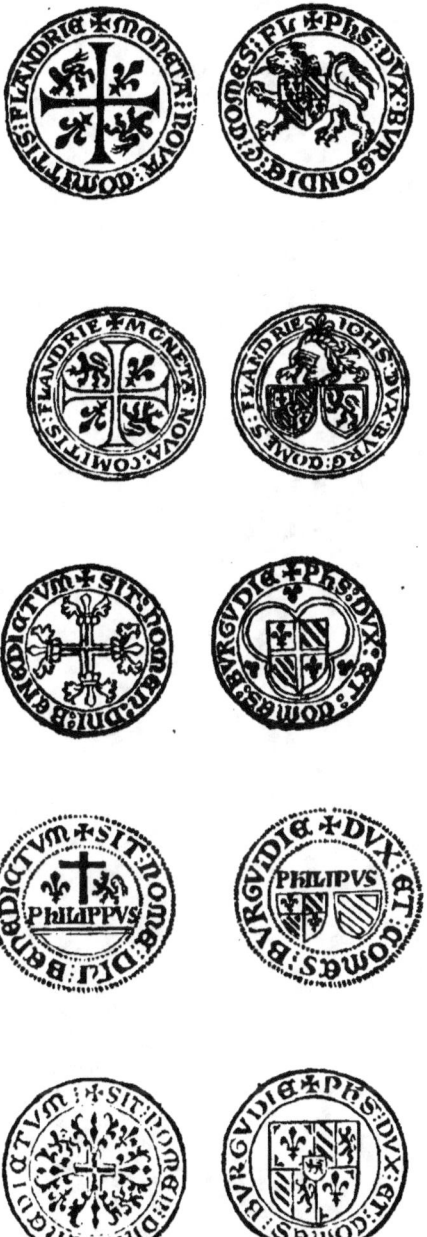

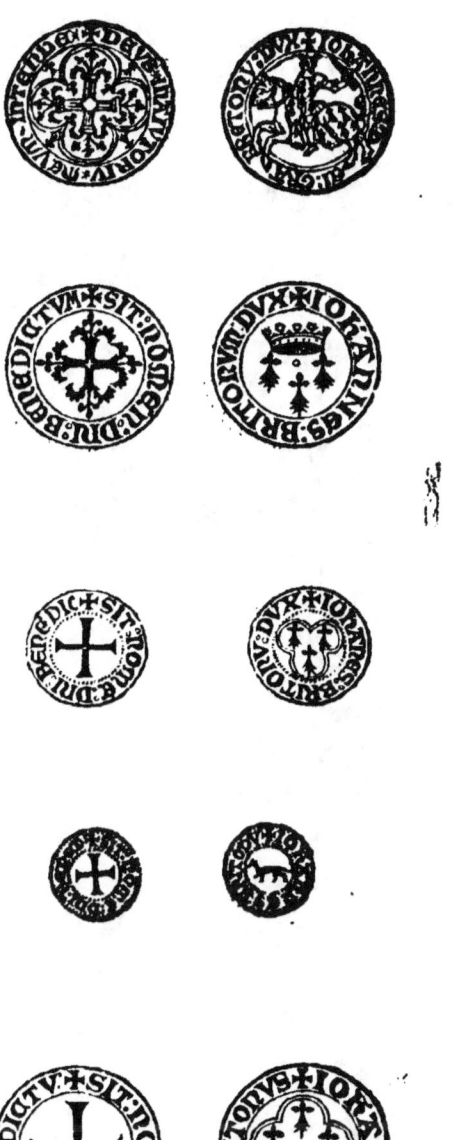

xcj

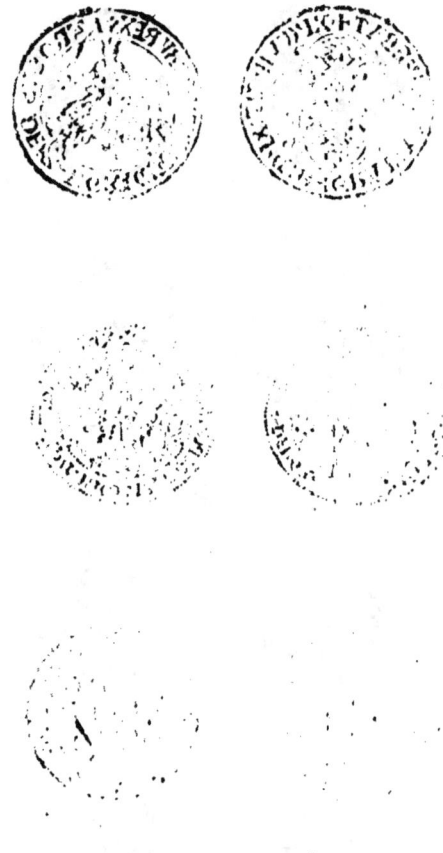

ch. 5.

cj

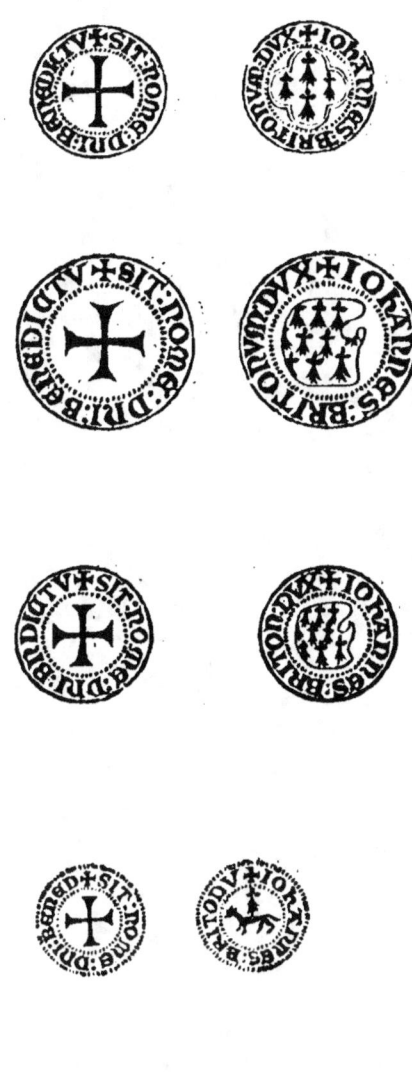

ch. 5.

ciij

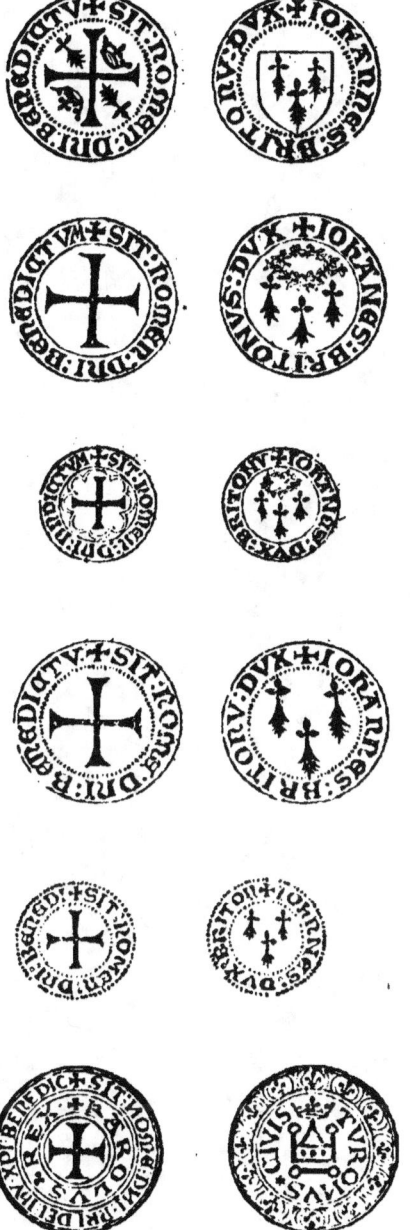

CHARLES VI.

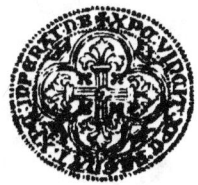 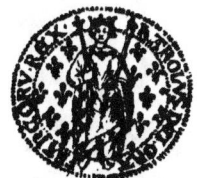

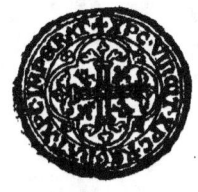 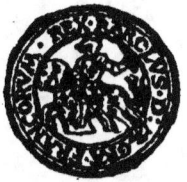

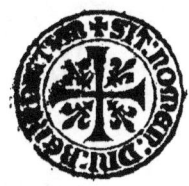 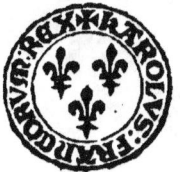

 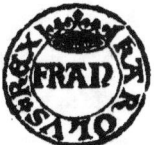

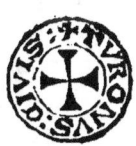 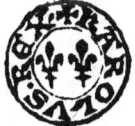

ch. 6.

cvij

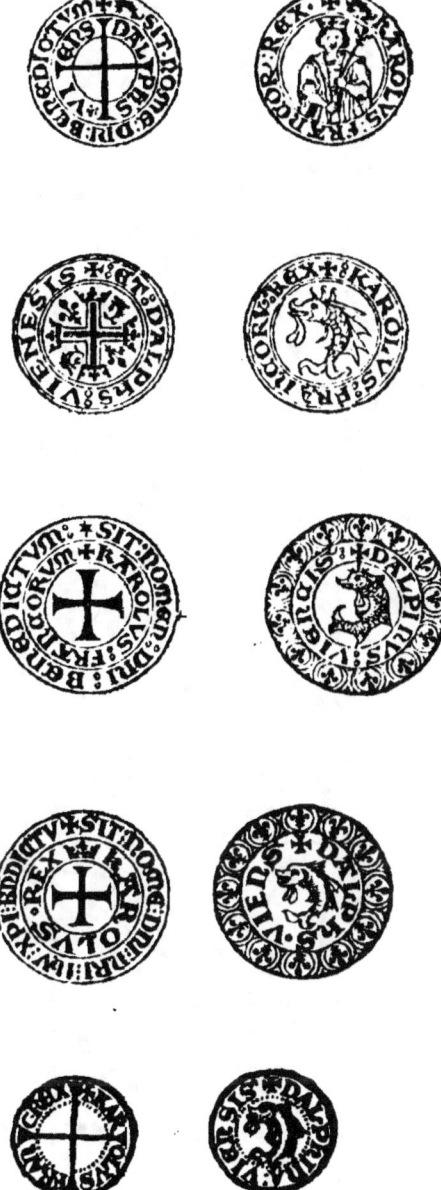

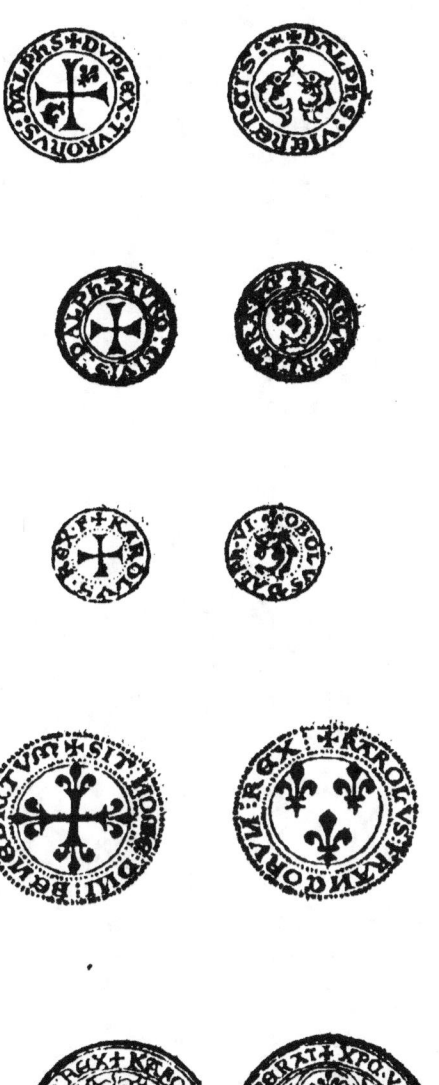

ch. 6.

cxj

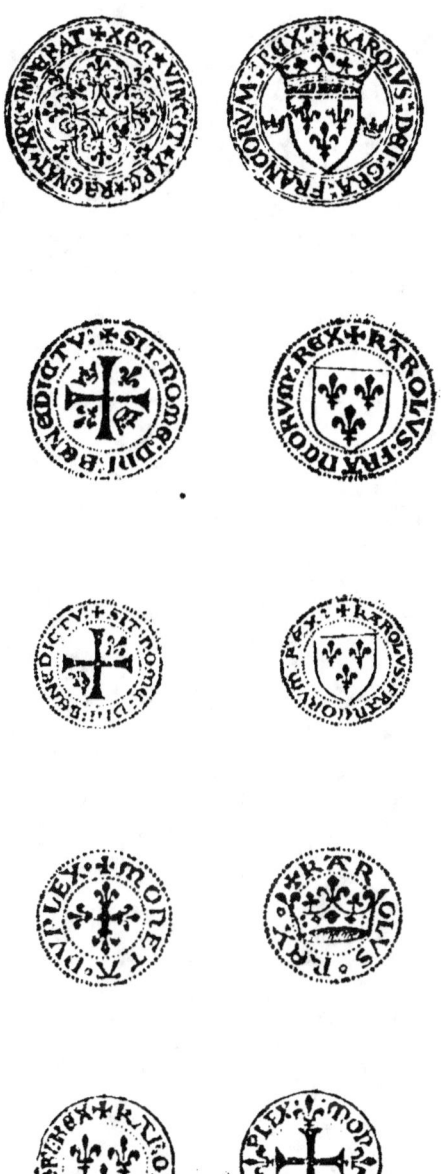

ch. 6.

cxiij

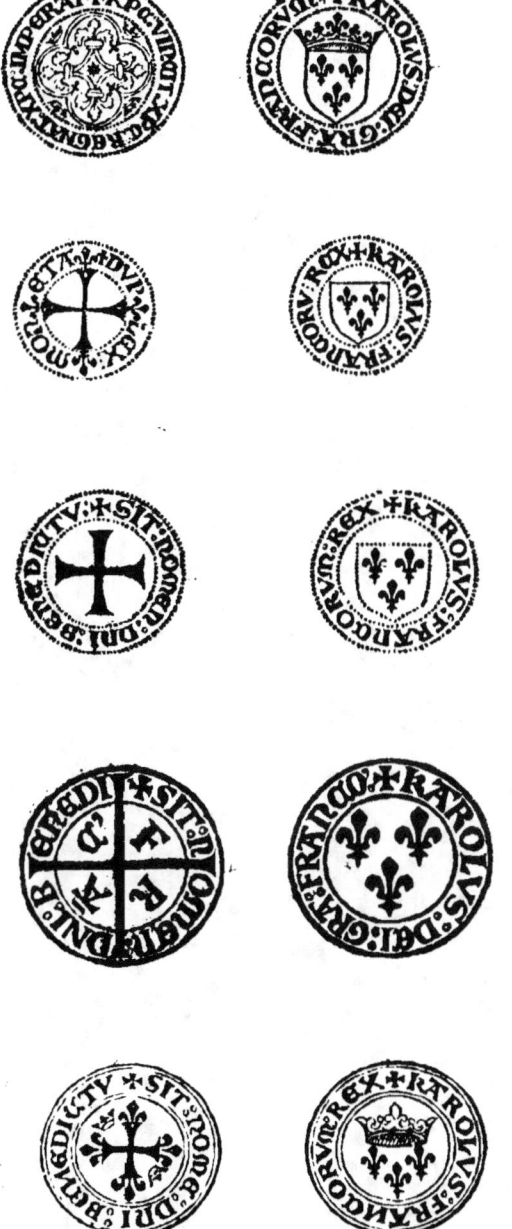

ch. 6.

CXV

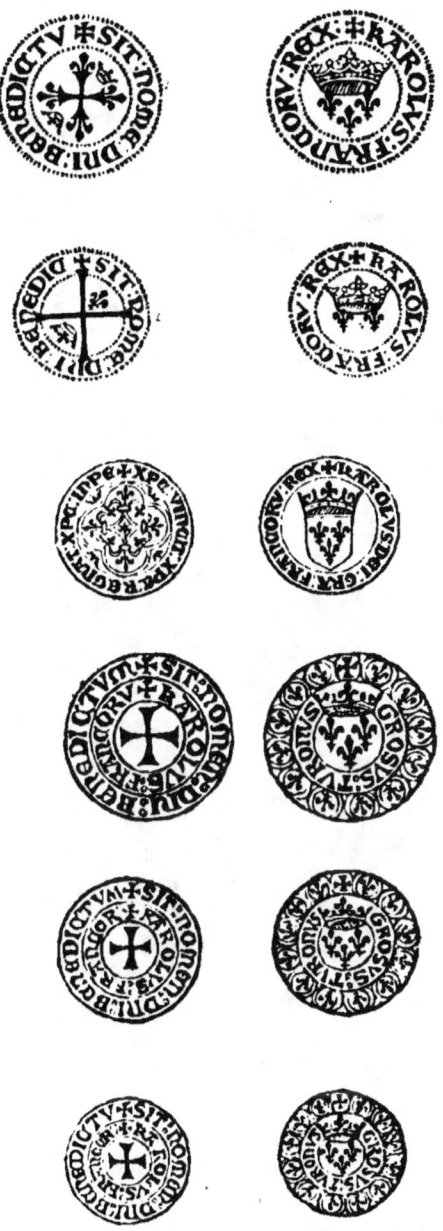

ch. 6.

cxvij

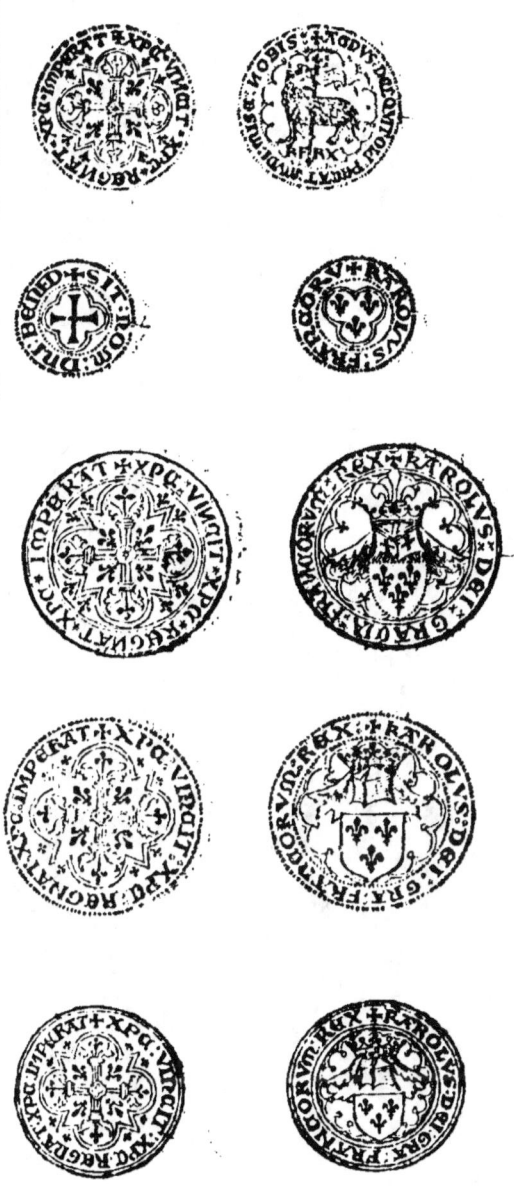

ch. 6.

cxix

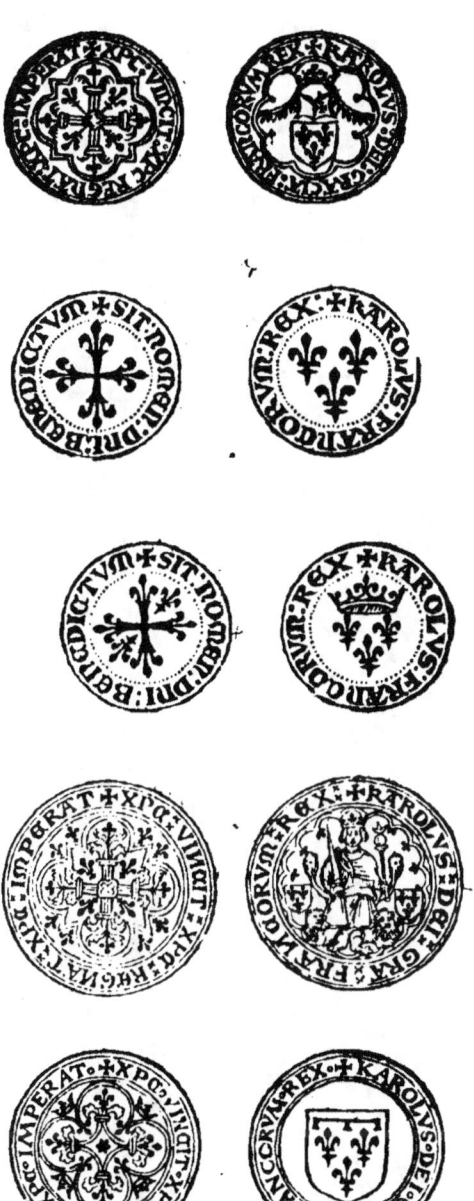

Henry.

CXXJ

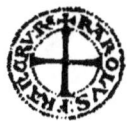
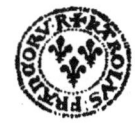

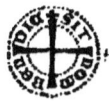
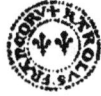

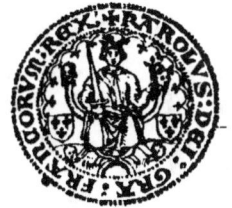

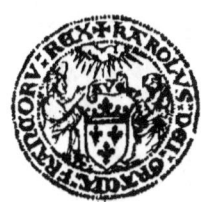
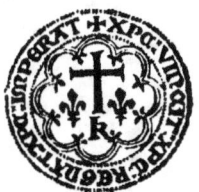

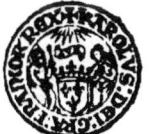

Henry.

cxxiij

 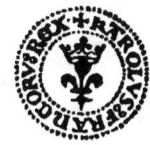

 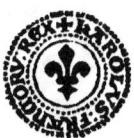

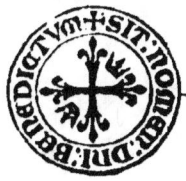 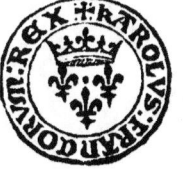

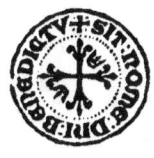 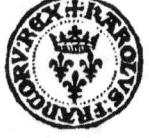

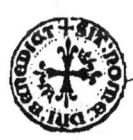 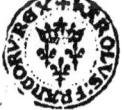

henr. angl.

CXXV

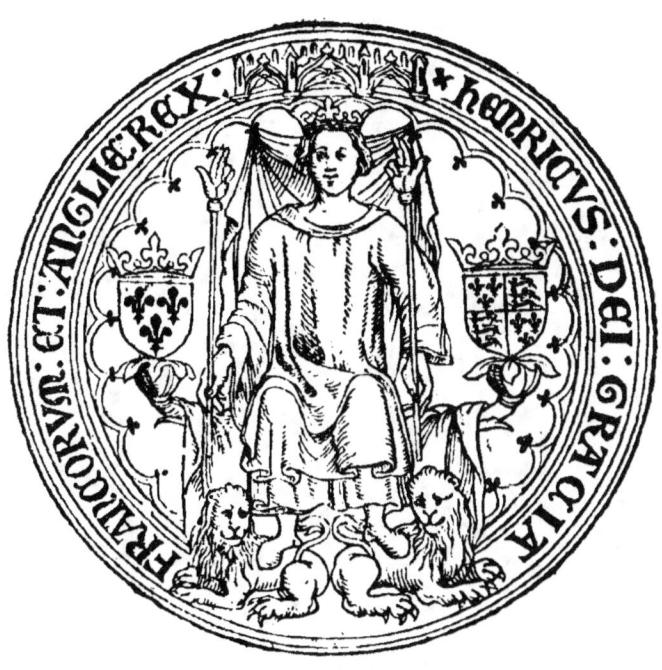

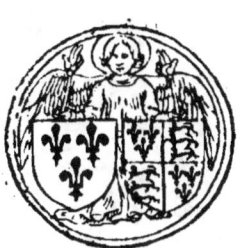

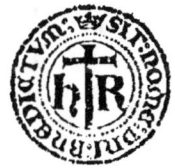 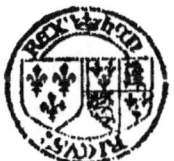

Henry

cxxvij

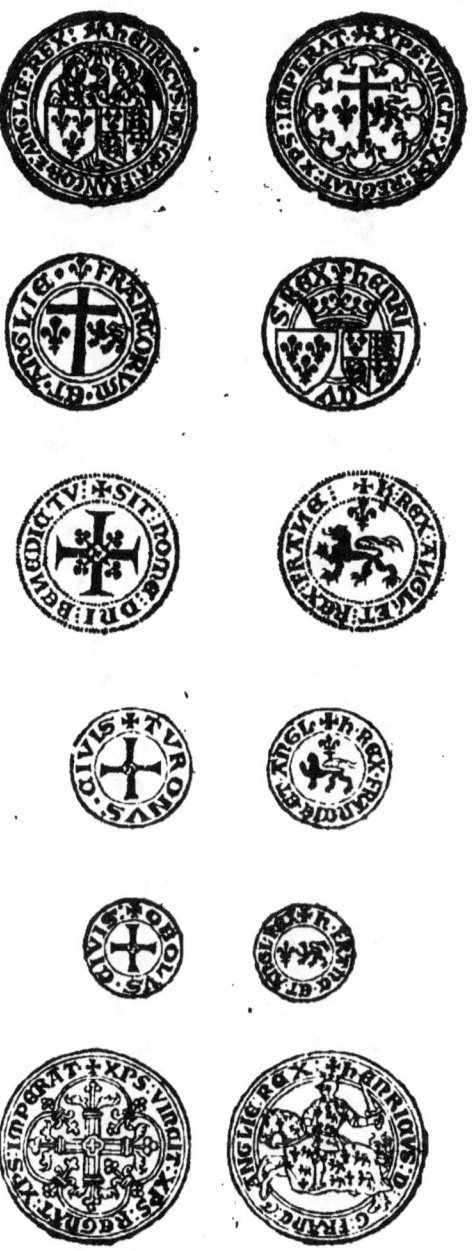

cxxiij

CXXIX

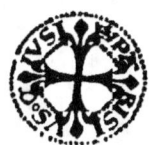 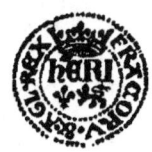

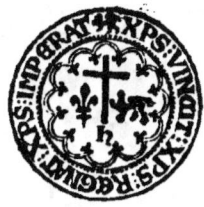 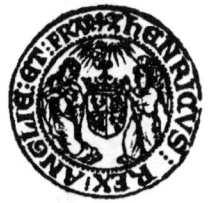

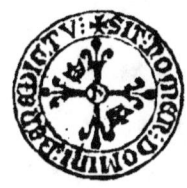 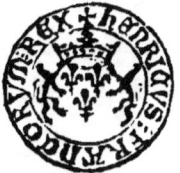

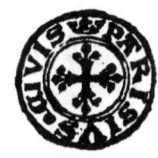 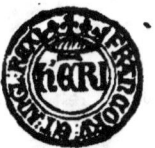

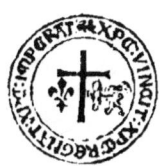 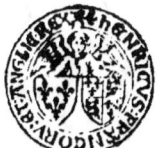

Henr.

cxxxj

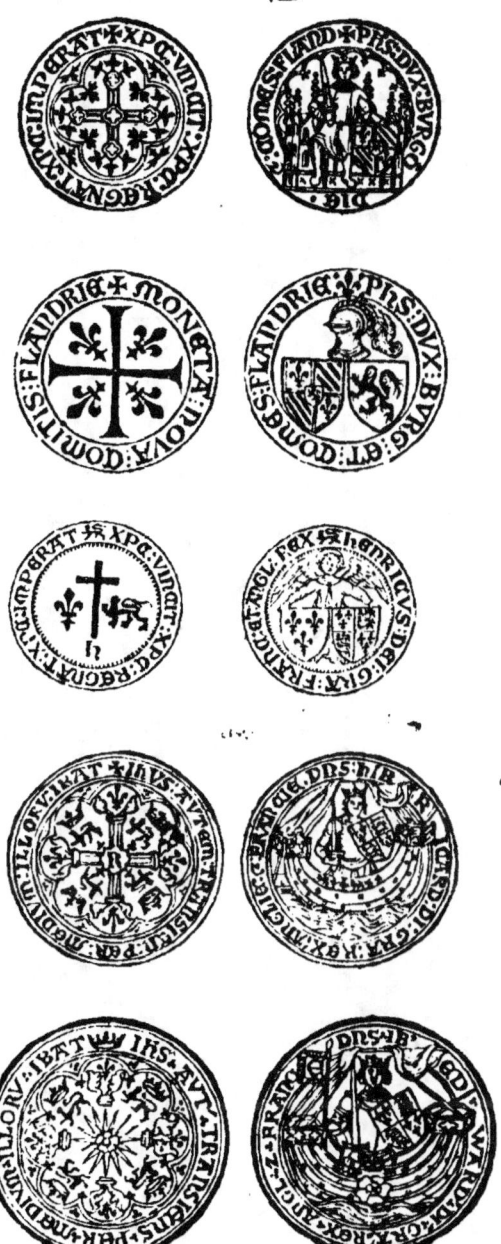

Her.

cxxxiij

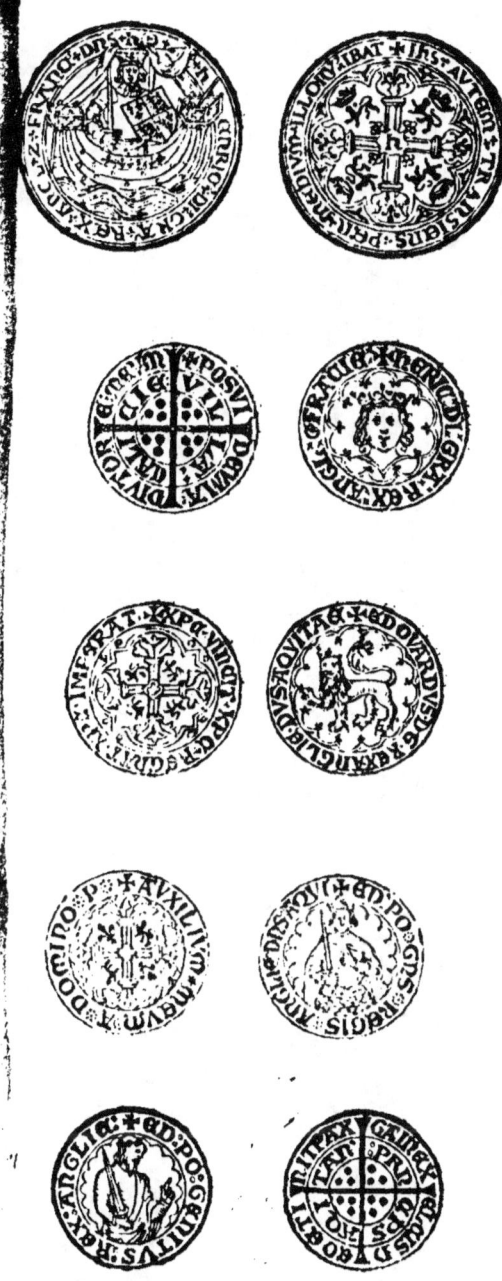

Hen.

CXXXV

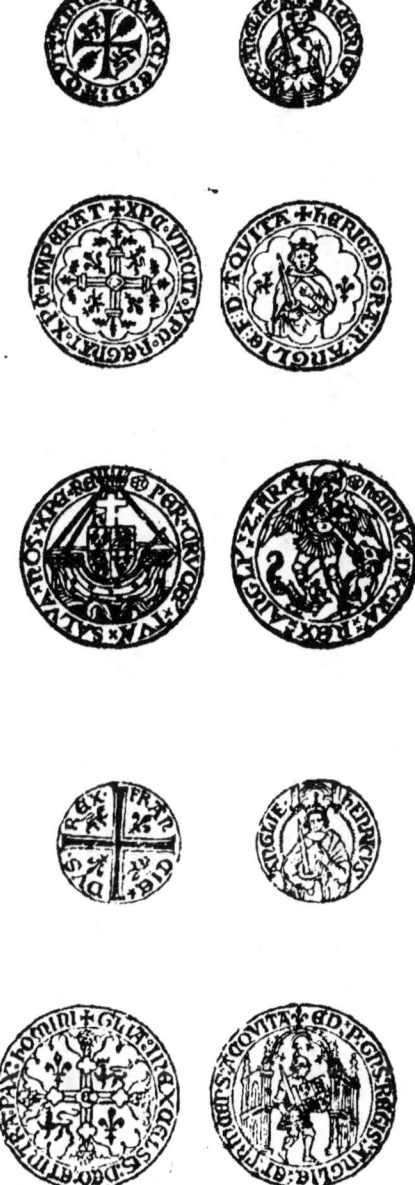

CHARLES VII.

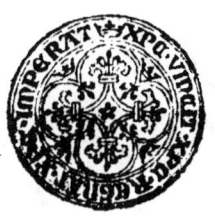 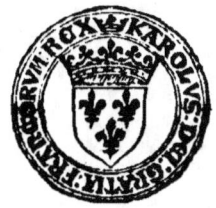

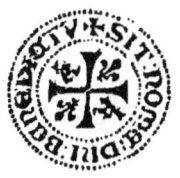 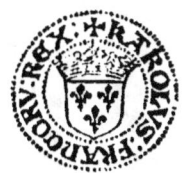

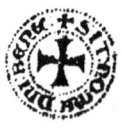 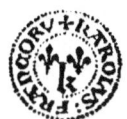

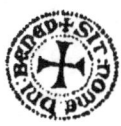 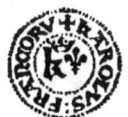

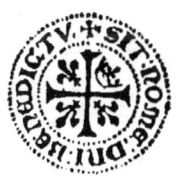 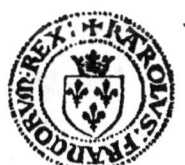

ch. 7.

cxxxix

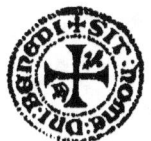 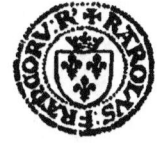

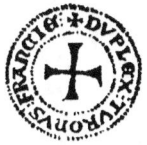 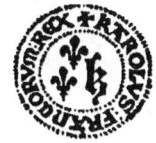

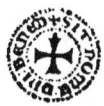 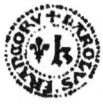

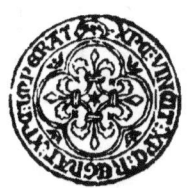 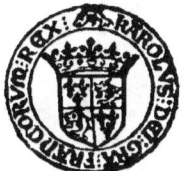

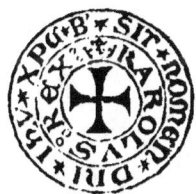 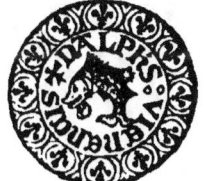

ch. 7.

cxlj

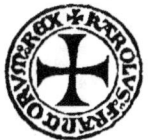 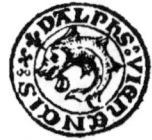

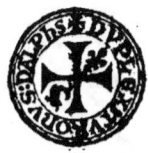 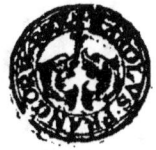

 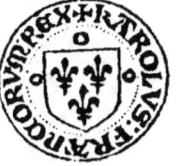

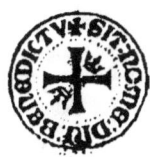 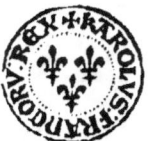

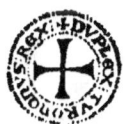 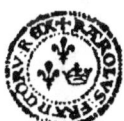

ch. 7.

cxliij

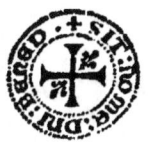 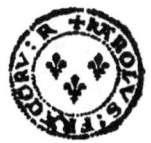

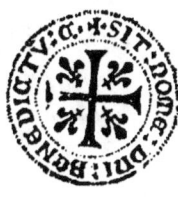 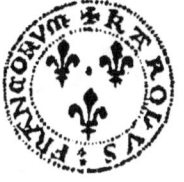

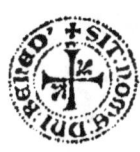 

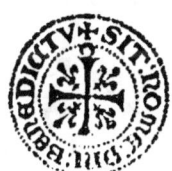 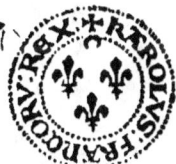

ch. 7.

cxlv

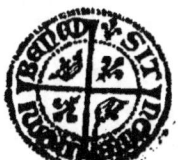 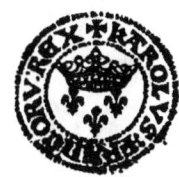

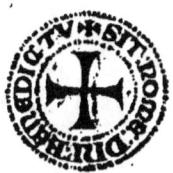 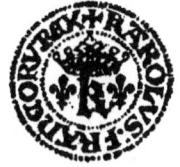

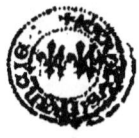 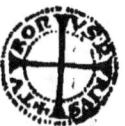

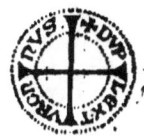 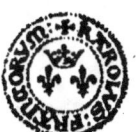

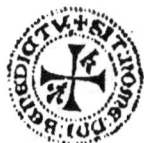 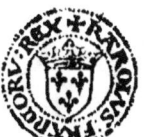

ch. 7.

cxlvij

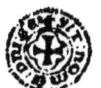

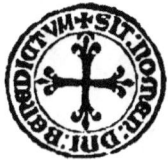 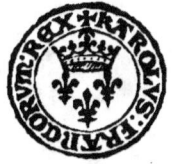

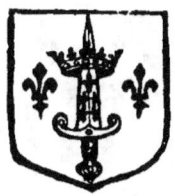

 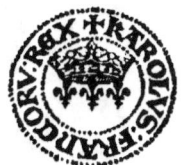

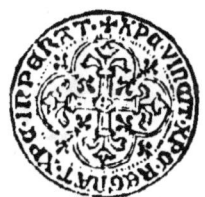 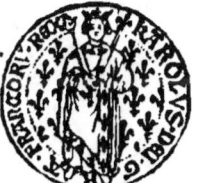

ch. 7.

cxlix

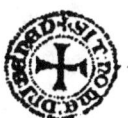 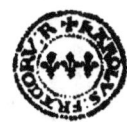

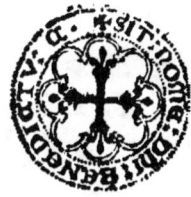 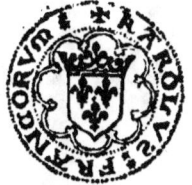

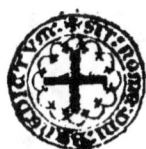 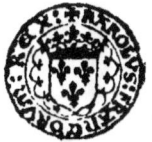

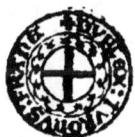 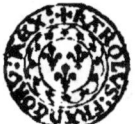

ch. 7.

clj

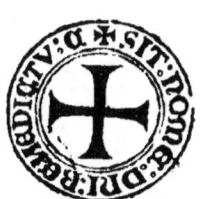
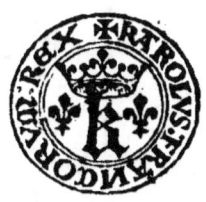

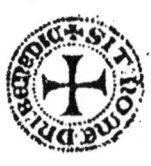
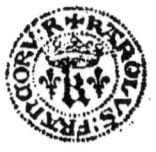

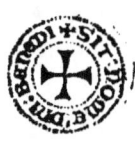
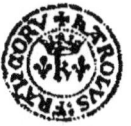

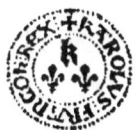

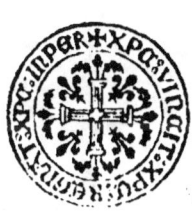
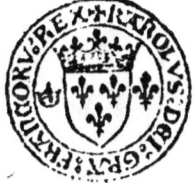

ch. 7.

cliij

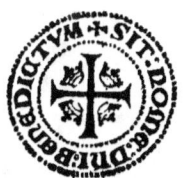 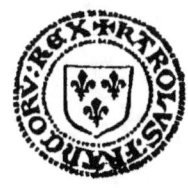

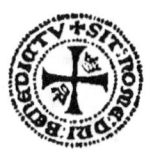 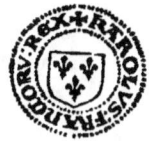

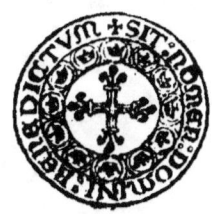 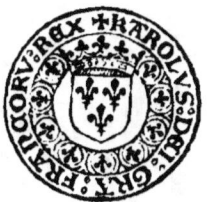

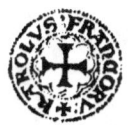 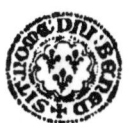

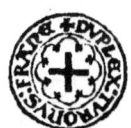 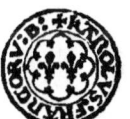

ch. 7.

clv

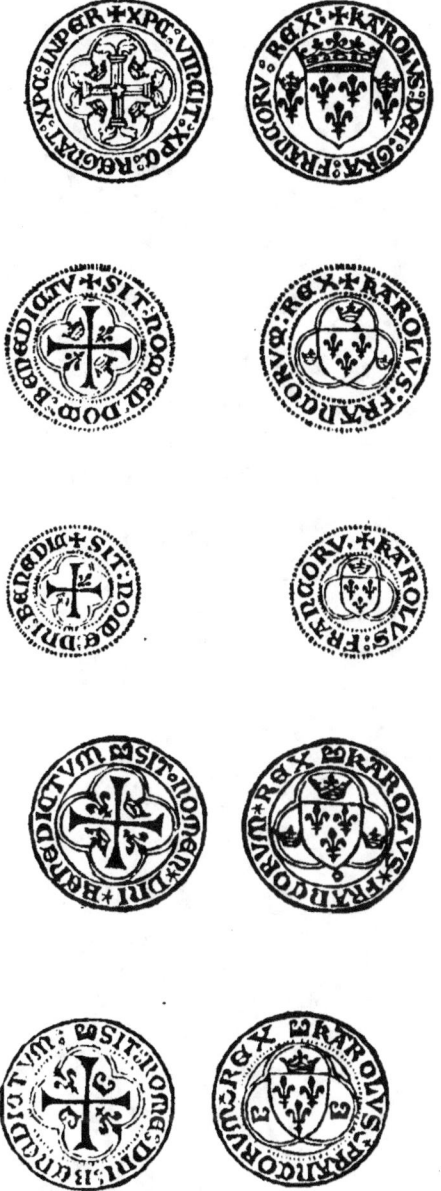

clvij

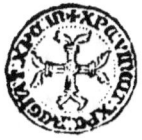 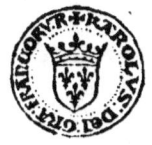

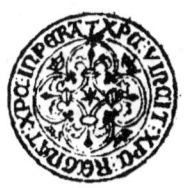 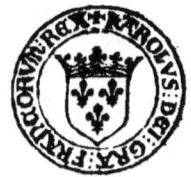

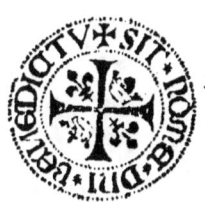 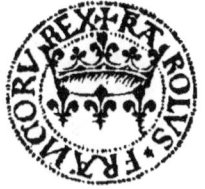

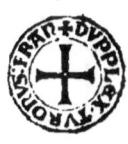 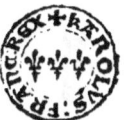

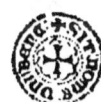 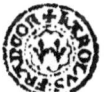

clix

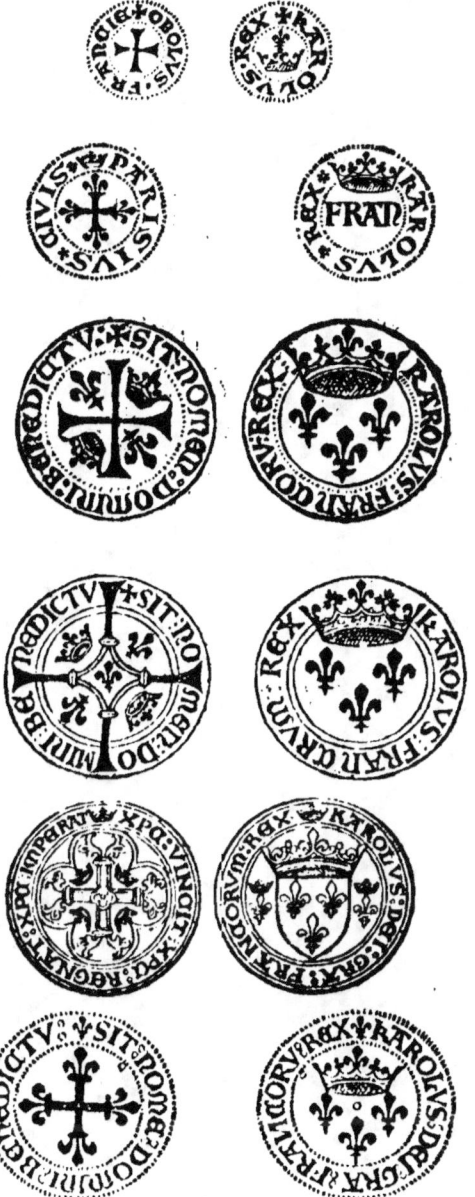

ch. 7

clxj

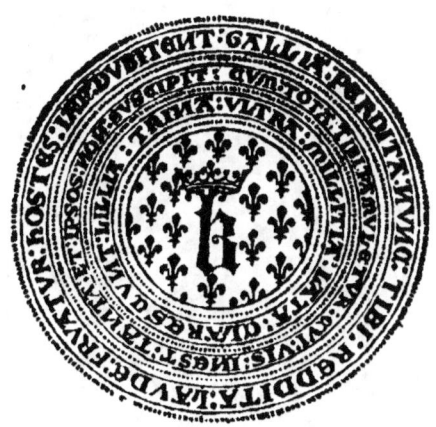

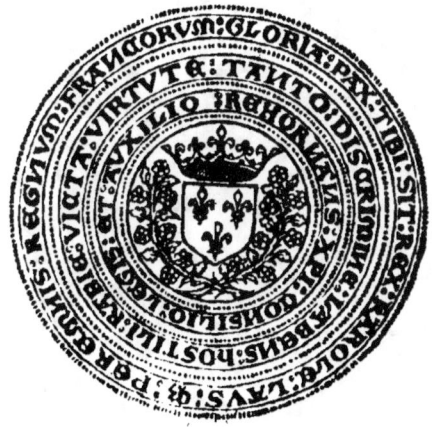

clxiij

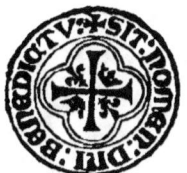 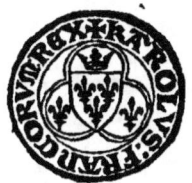

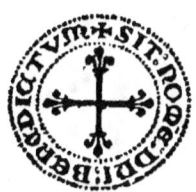 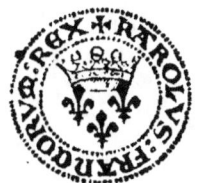

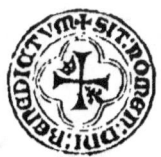 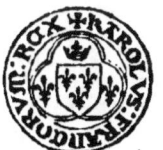

LOVYS XI.

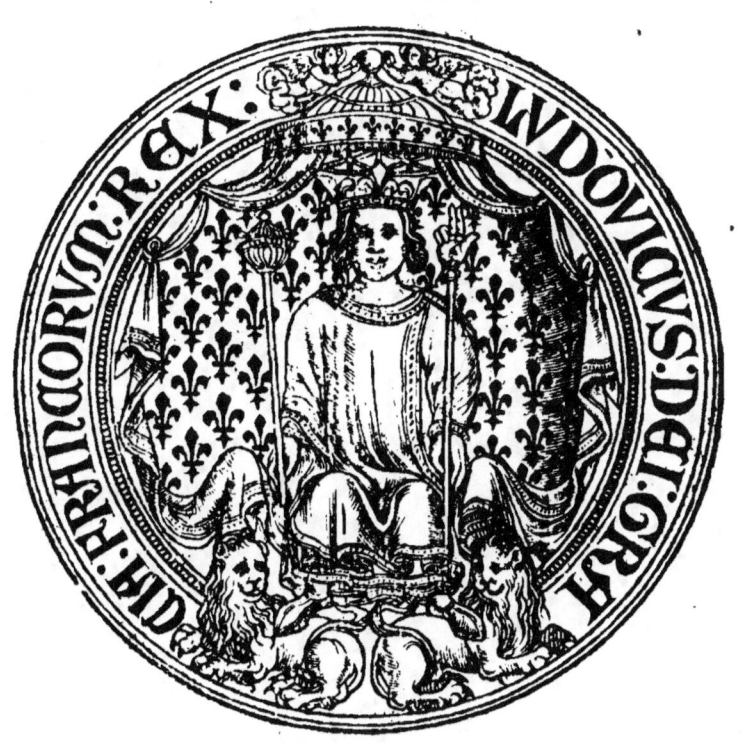

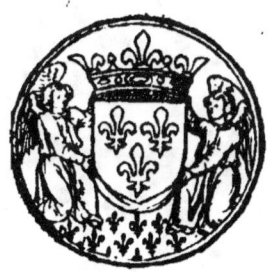

clxvij

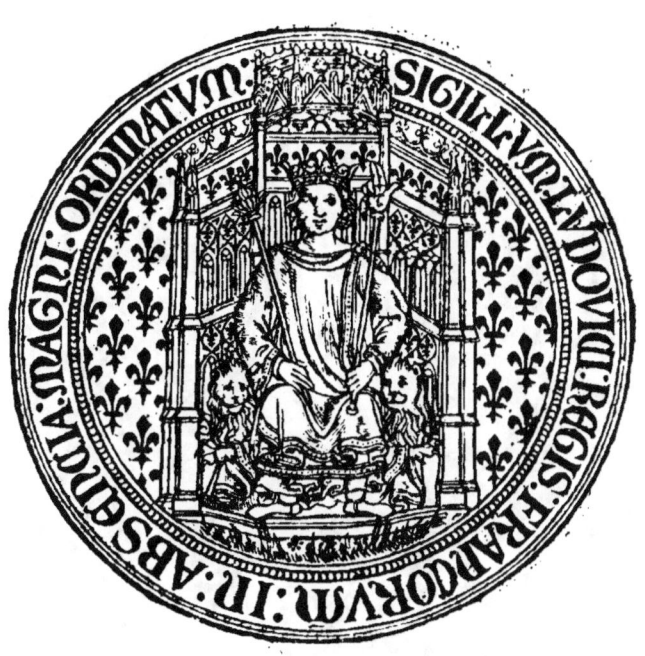

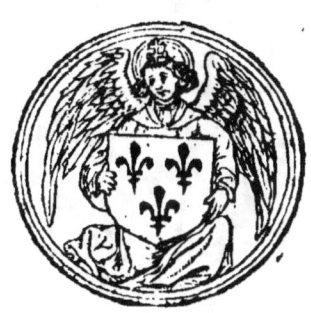

clxix

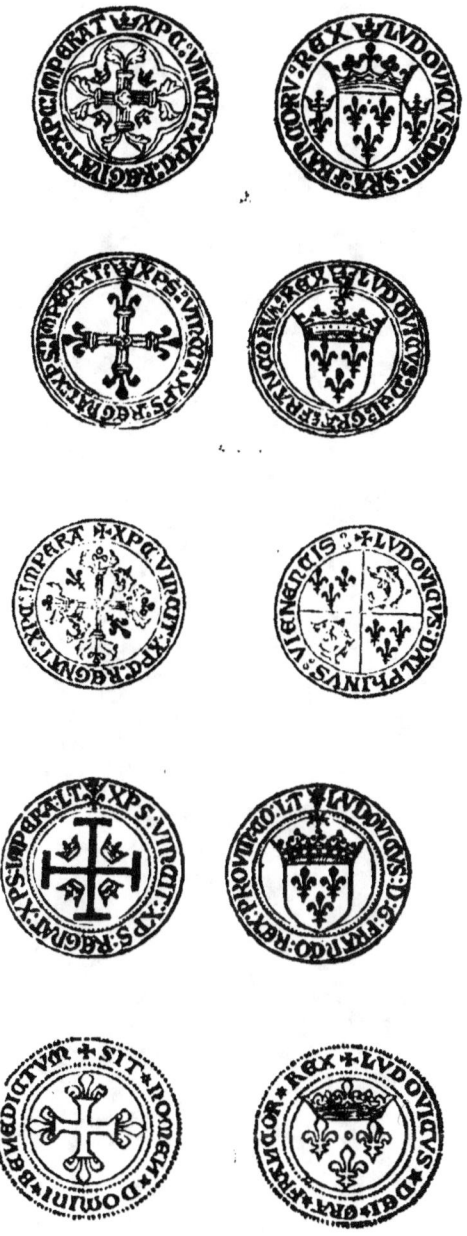

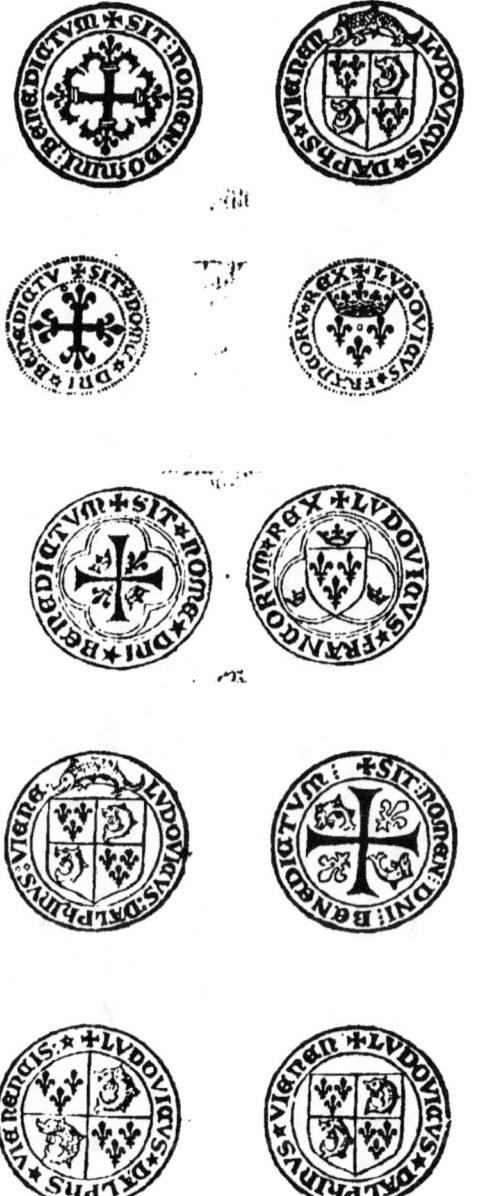

clxxiij

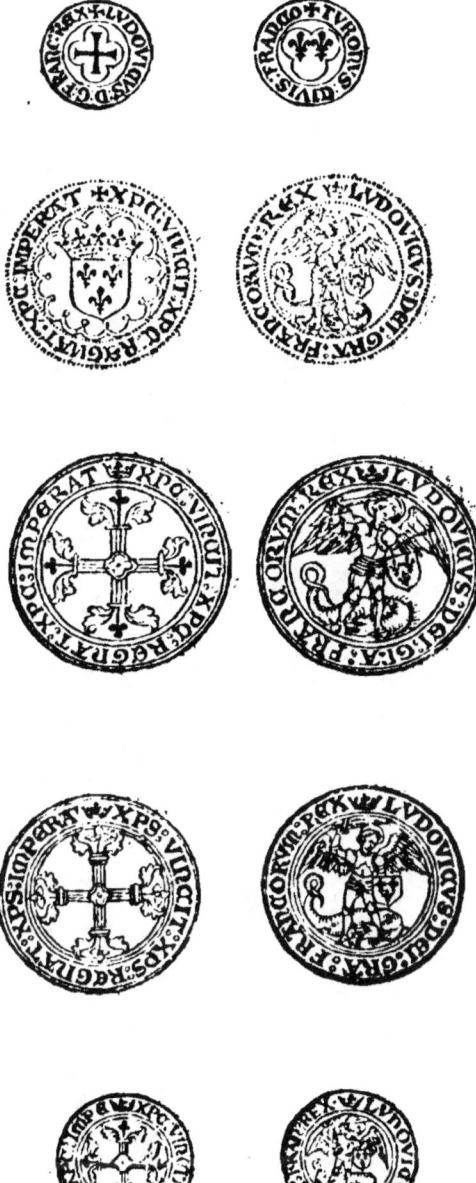

clxxv

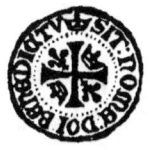 

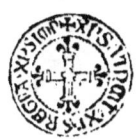 

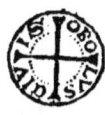 

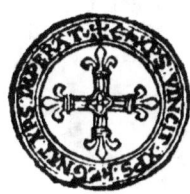 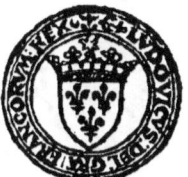

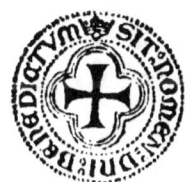 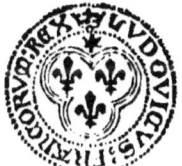

clxxvij

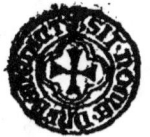 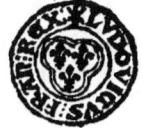

 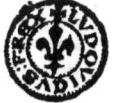

CHARLES VIII.

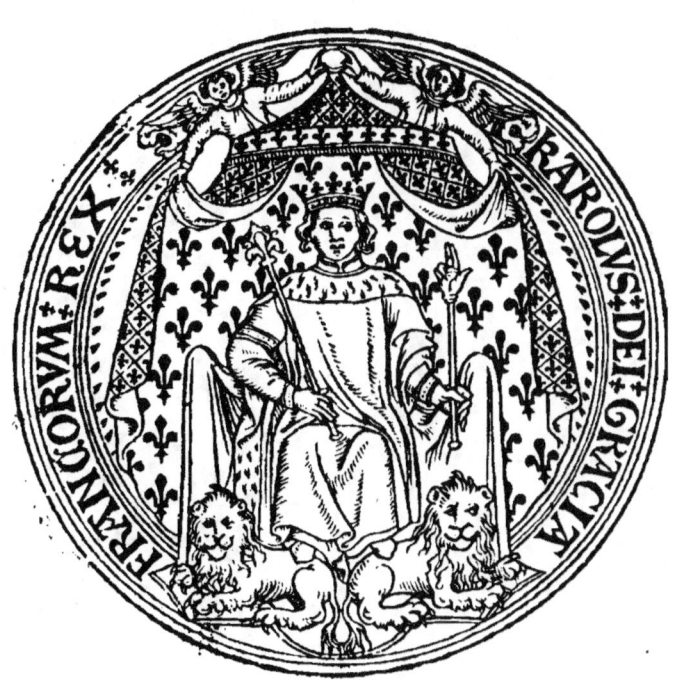

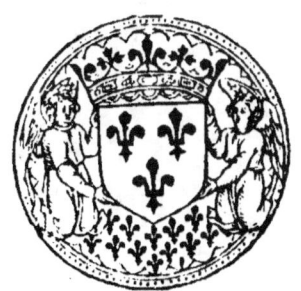

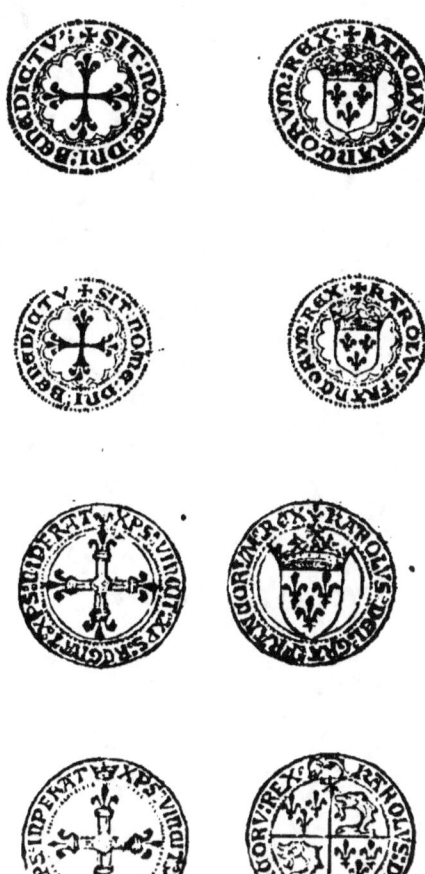
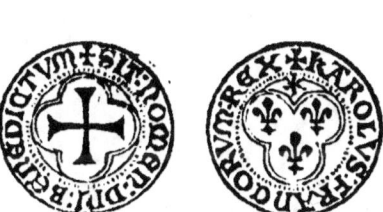

clxxxiij

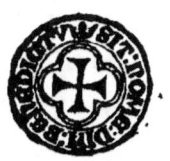 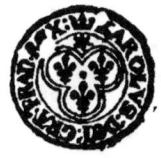

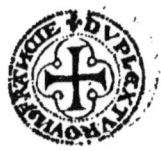 

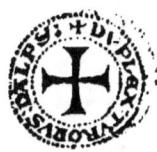 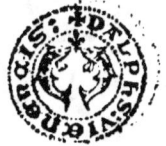

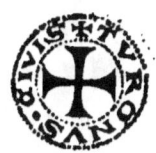 

 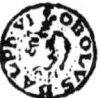

clxxxv

 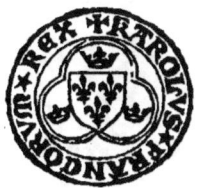

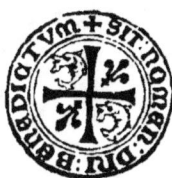 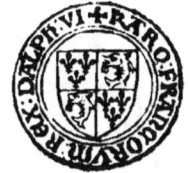

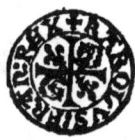 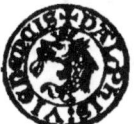

 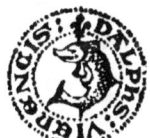

ch. 8

clxxxvij

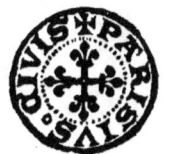 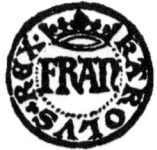

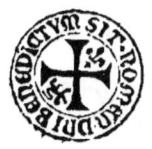 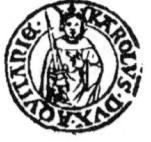

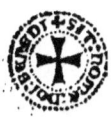 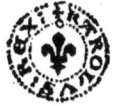

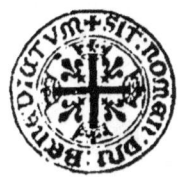 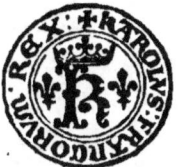

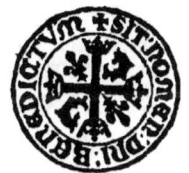 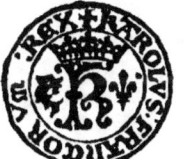

clxxxix

 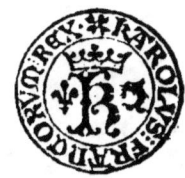

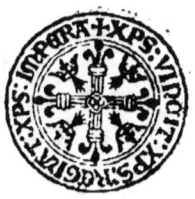 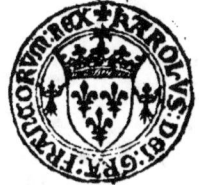

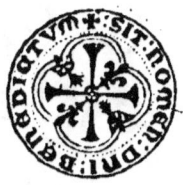 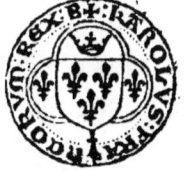

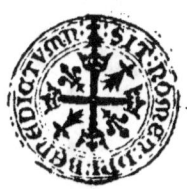 

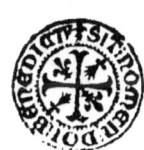 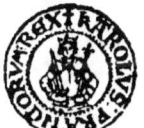

ch. 8.

cxcj

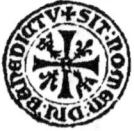 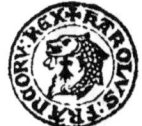

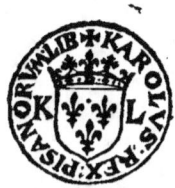 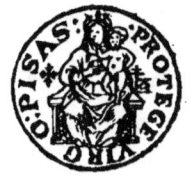

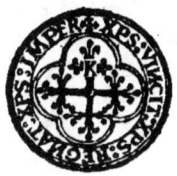 

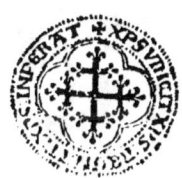 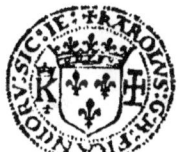

cxciij

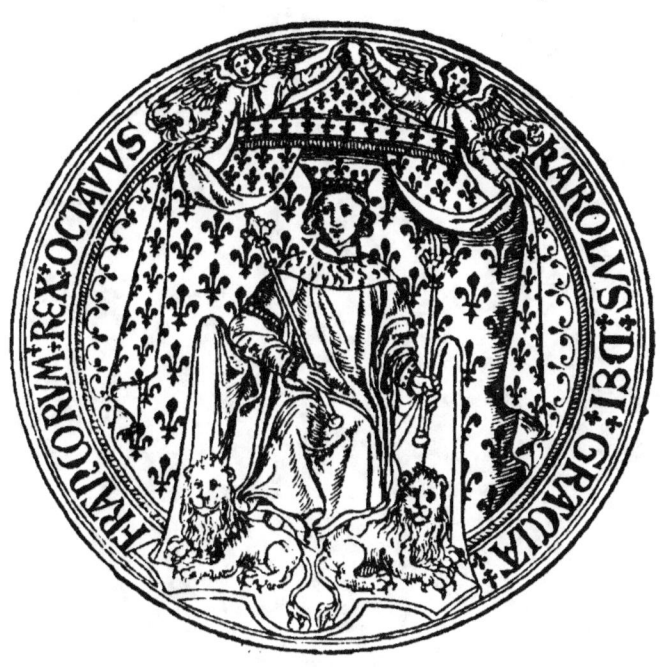

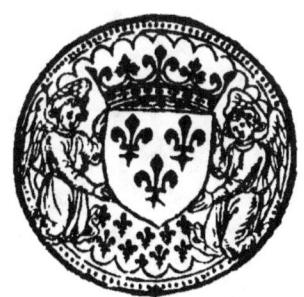

LOVYS XII.

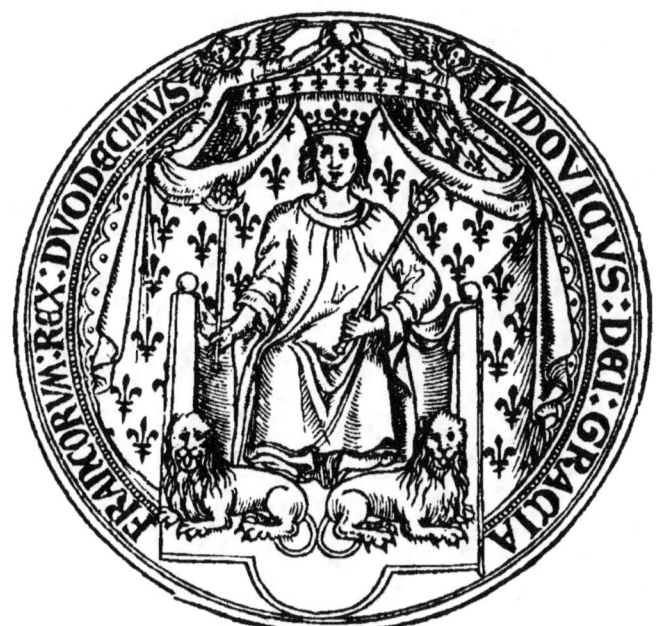

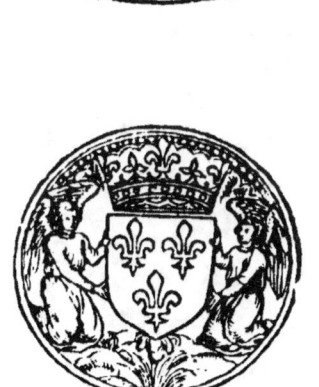

cxcvij

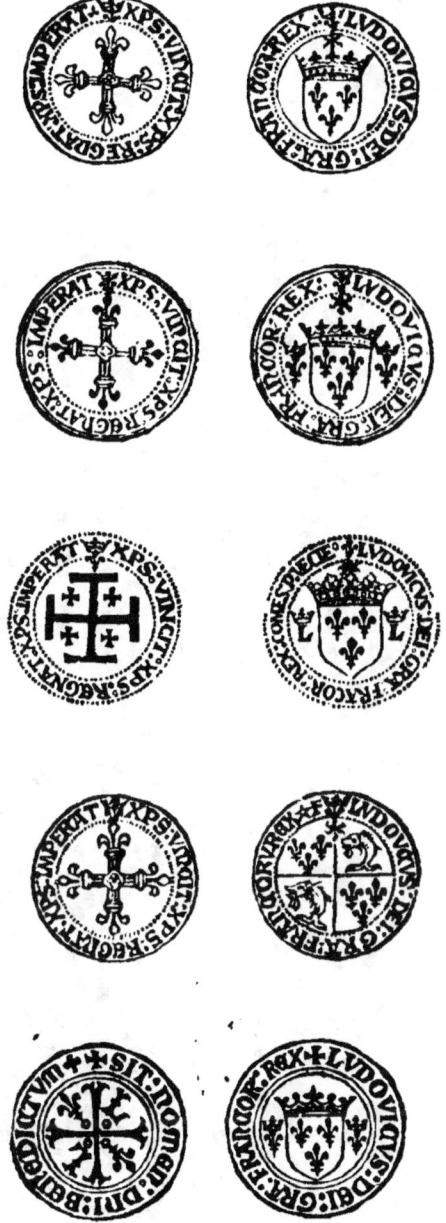

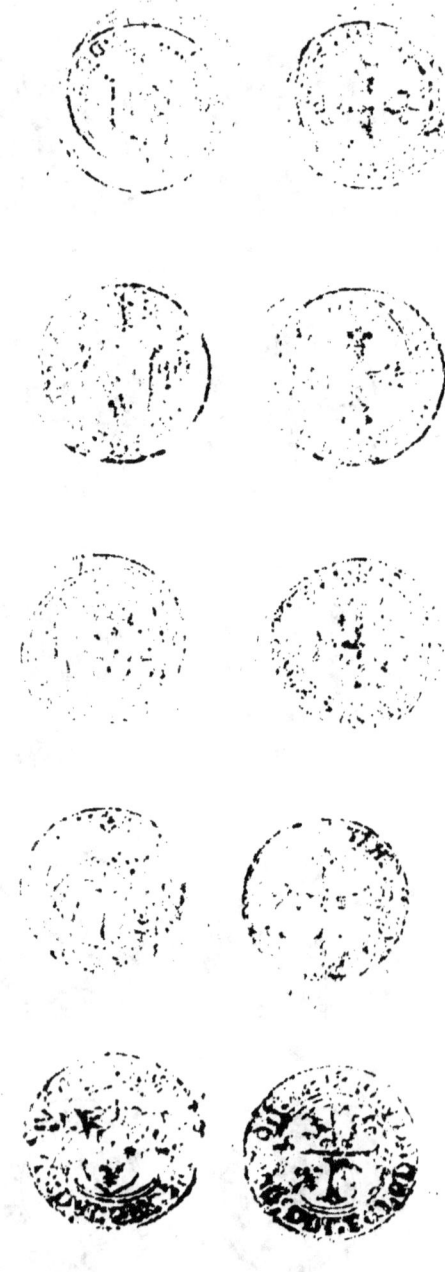

cxcix

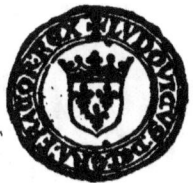

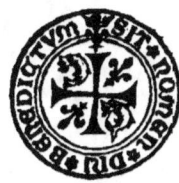 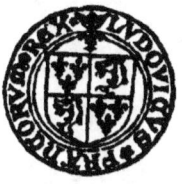

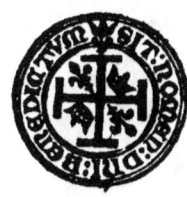 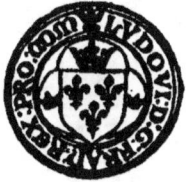

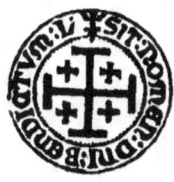 

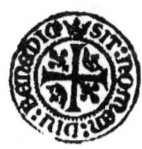 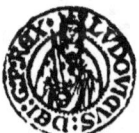

ccj

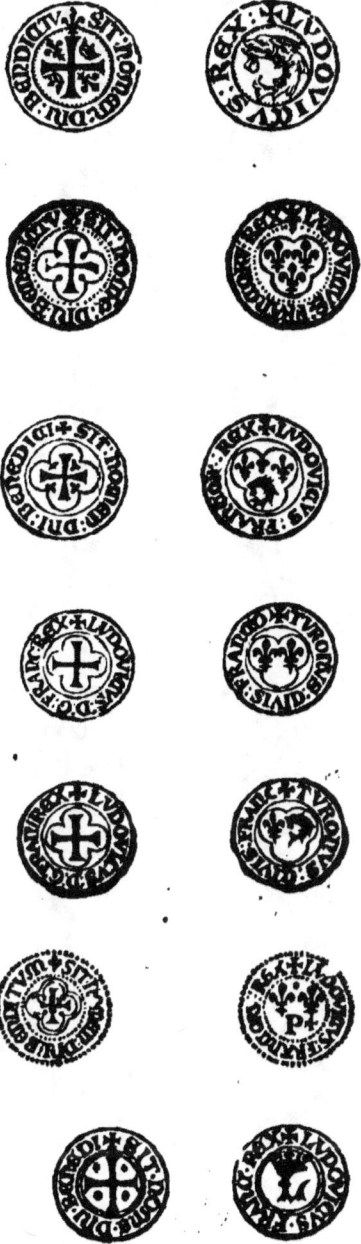

cciij

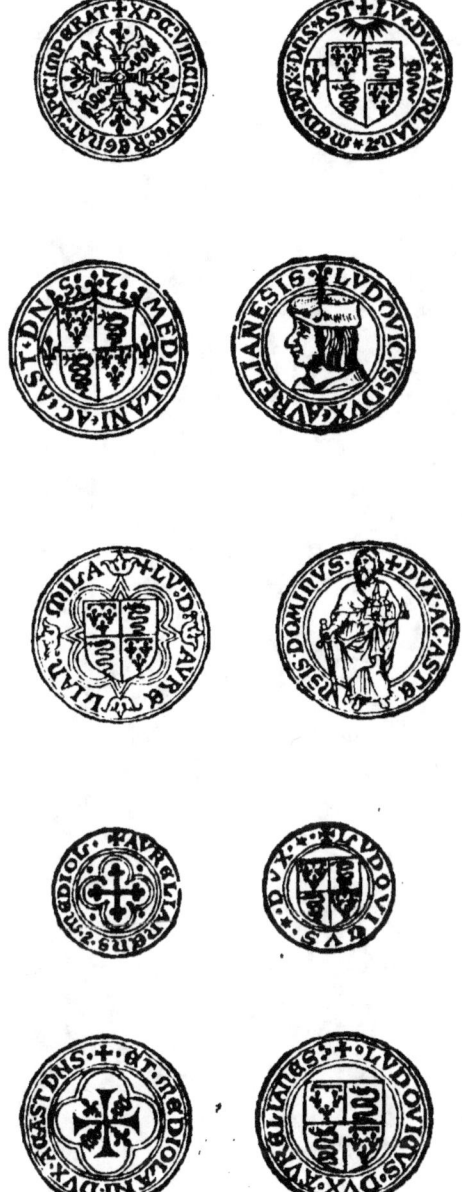

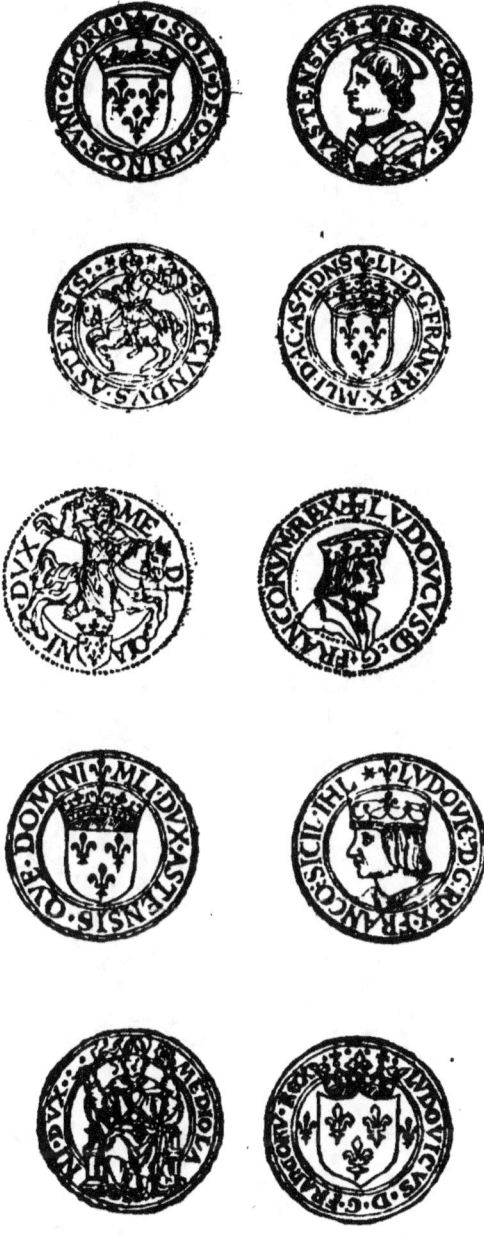

ccvij

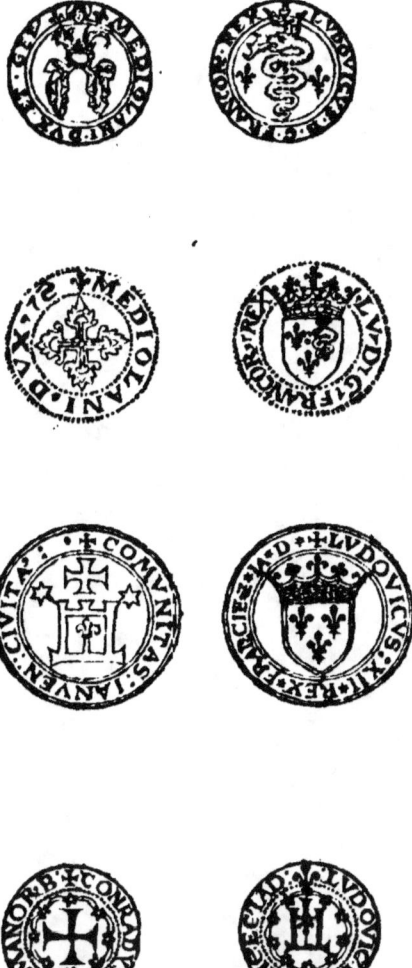

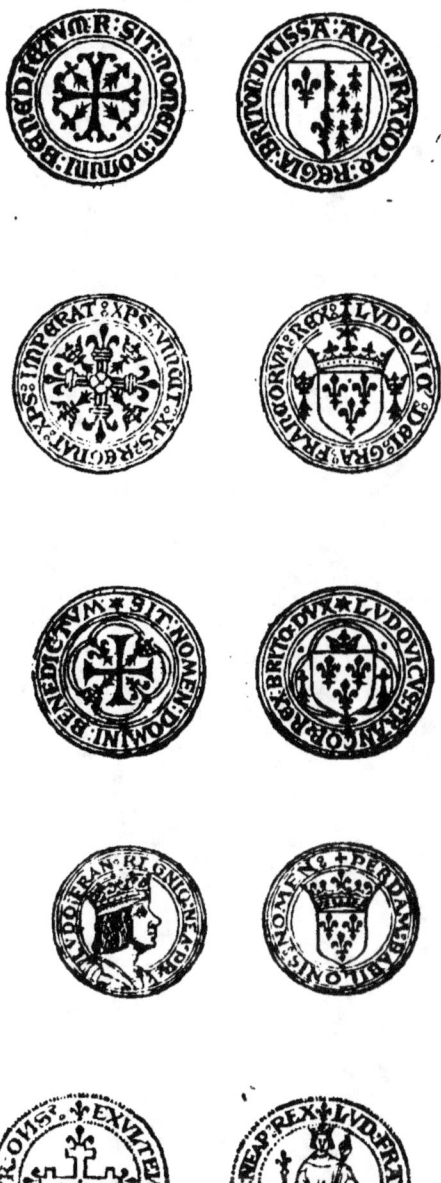

ccxj

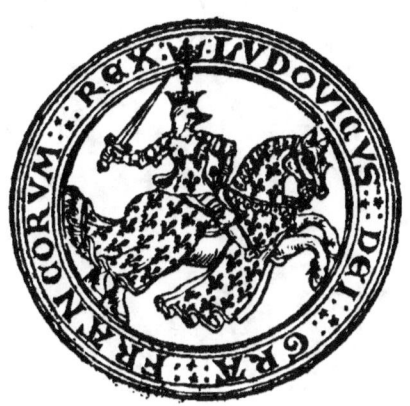

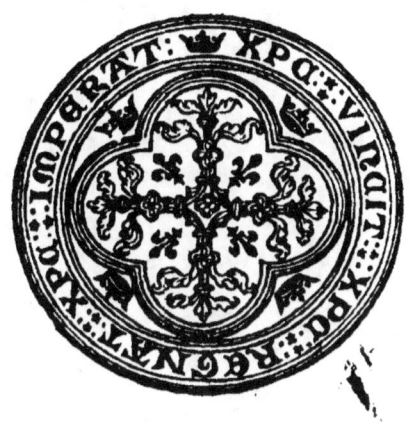

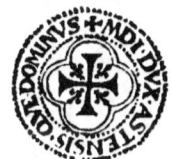 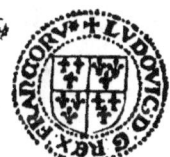

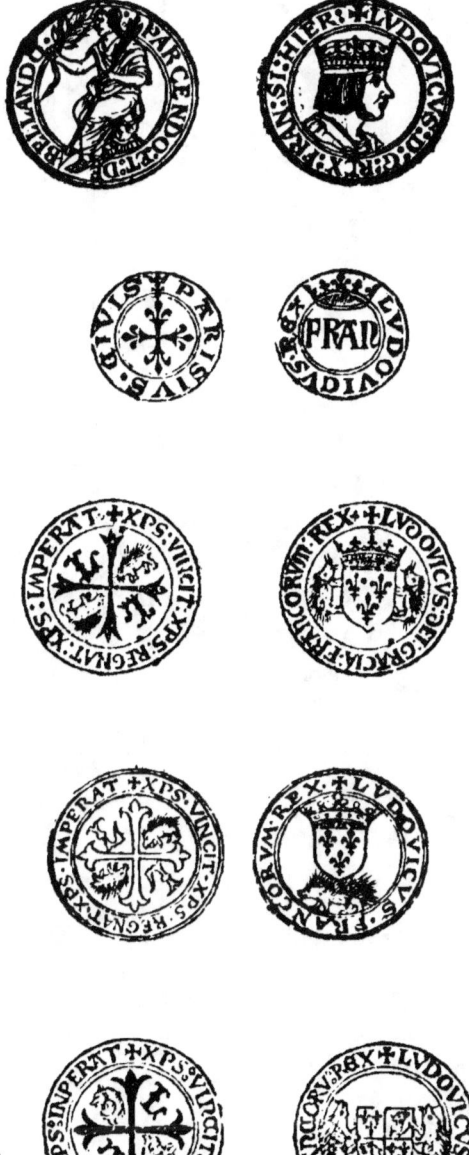

CCXV

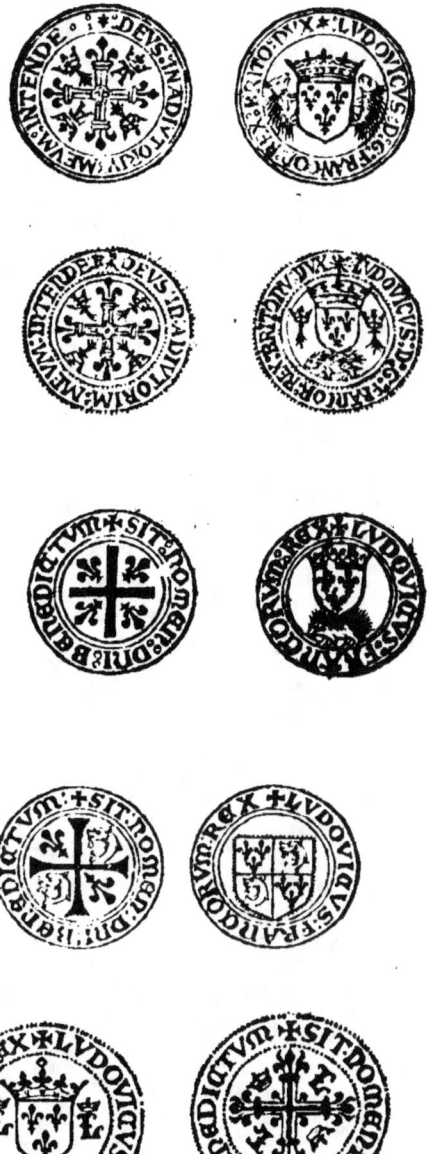

fr. Lud. 12

ccxvij

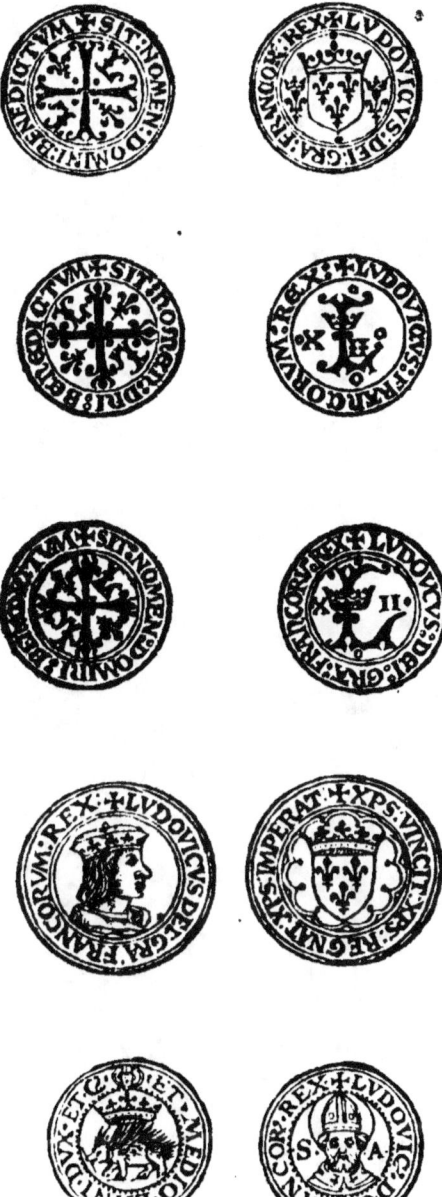

Lut. 12

ccxix

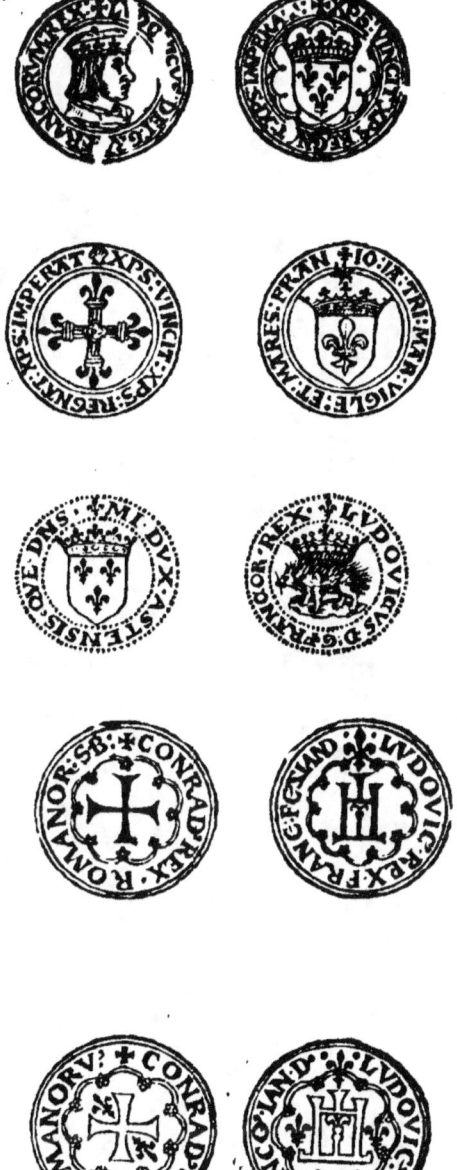

FRANCOIS I.

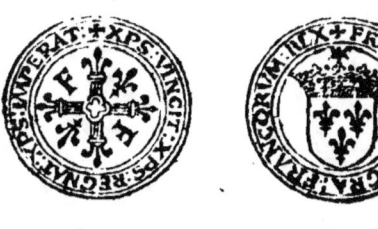

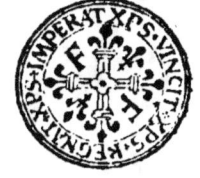 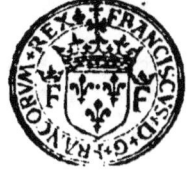

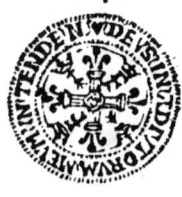 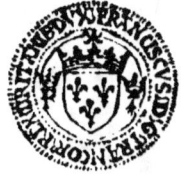

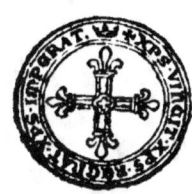 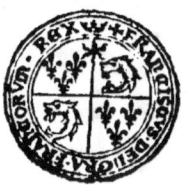

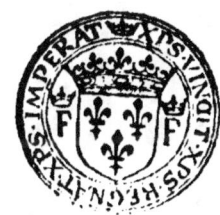 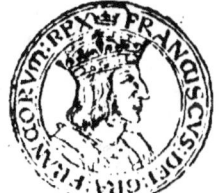

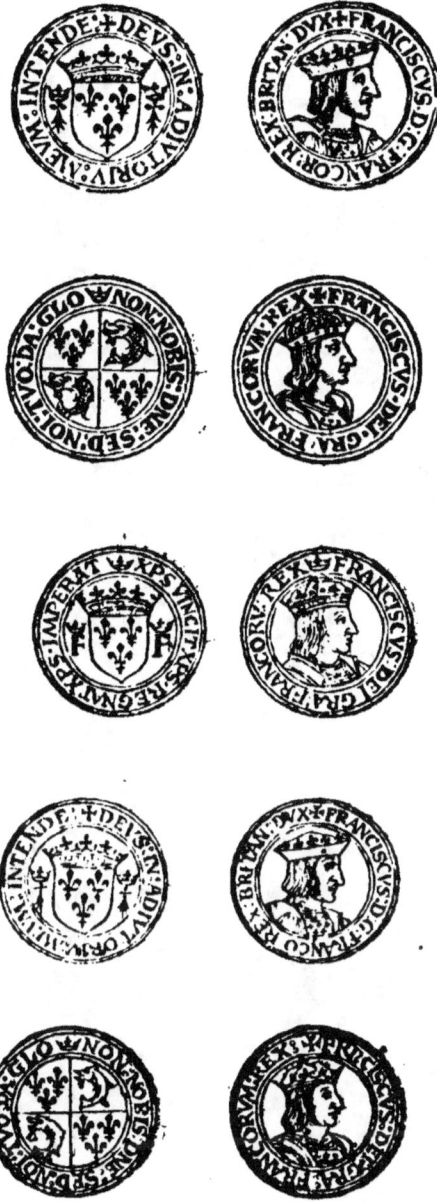

CCXXV

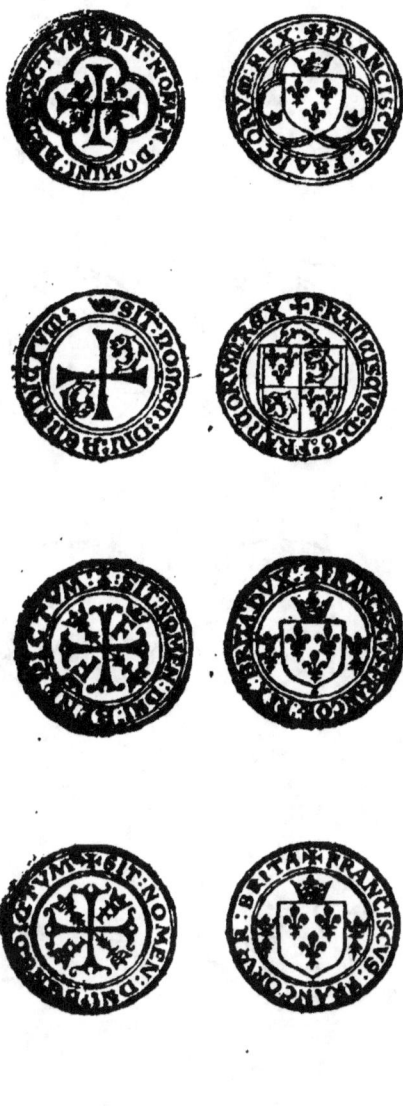

XXXII.

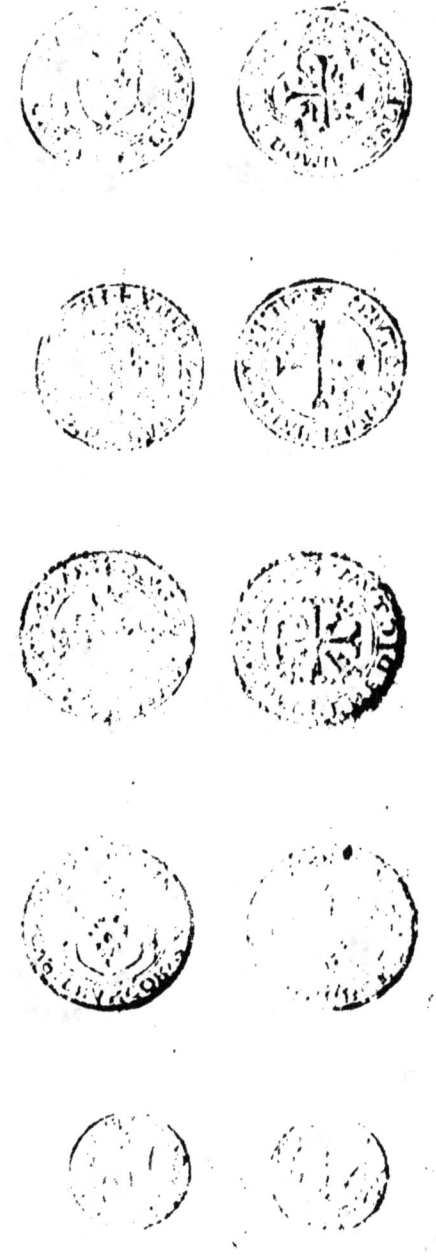

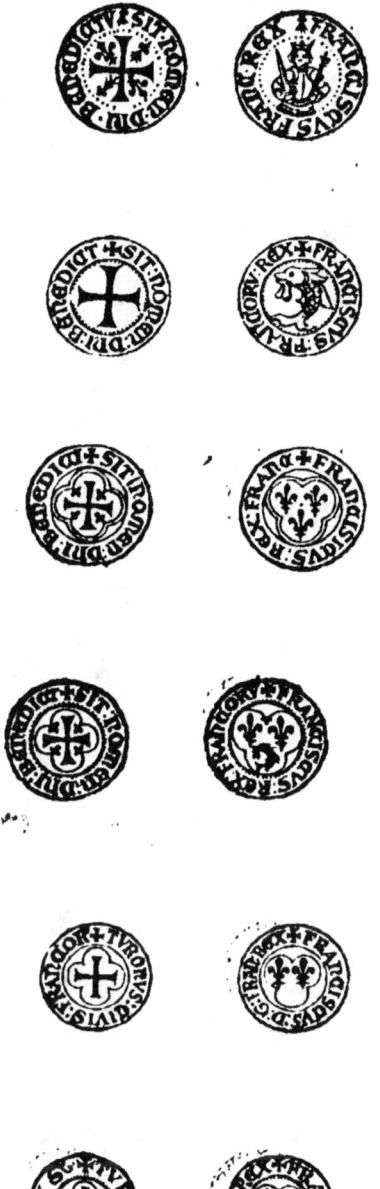

ccxxix

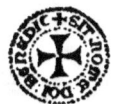 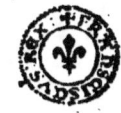

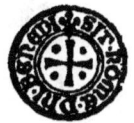 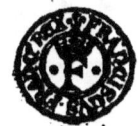

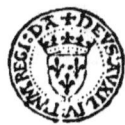 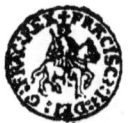

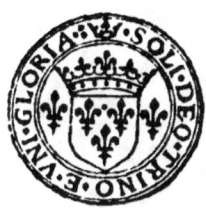 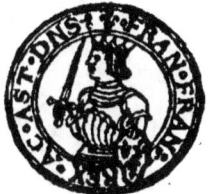

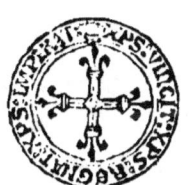 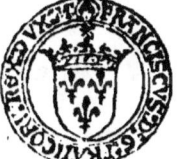

cccxij

ccxxxj

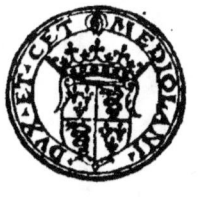 

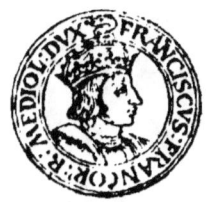 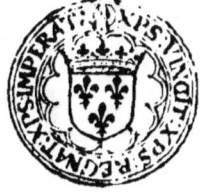

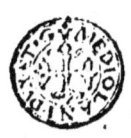 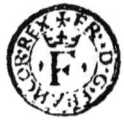

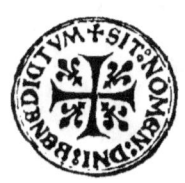 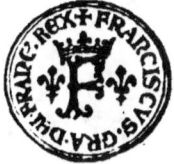

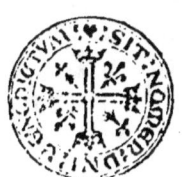 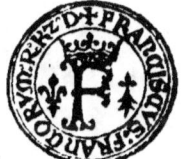

ccxxxiij

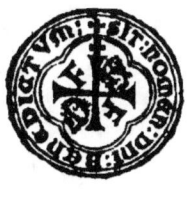 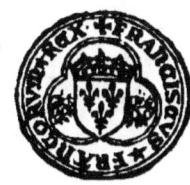

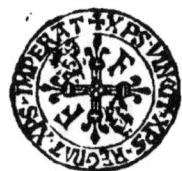 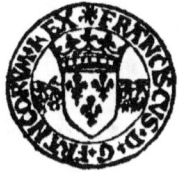

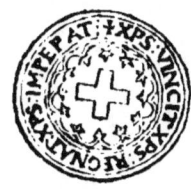 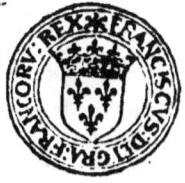

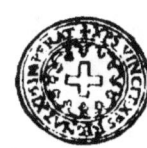 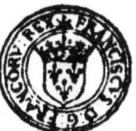

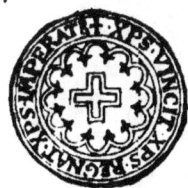 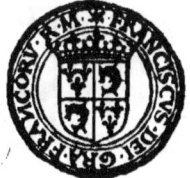

ccxxxiij

CCXXXV

 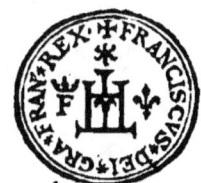

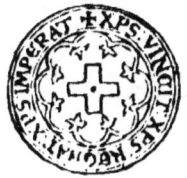 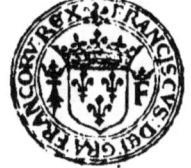

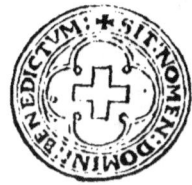 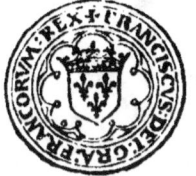

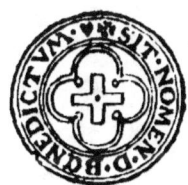 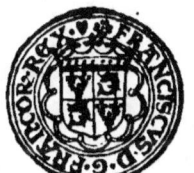

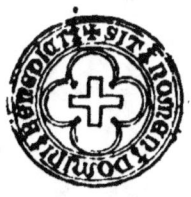 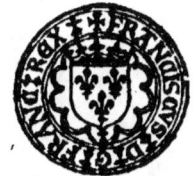

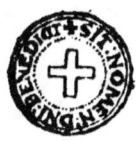 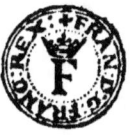

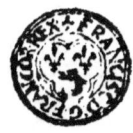 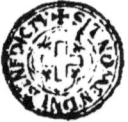

fr. 1.

ccxxxix

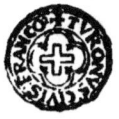 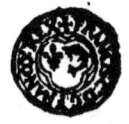

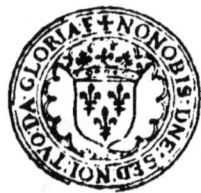 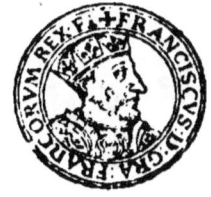

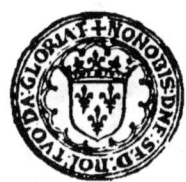 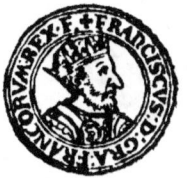

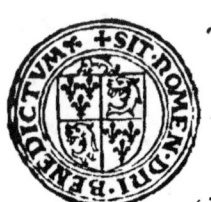 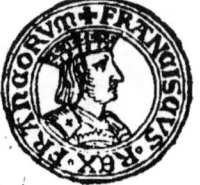

HENRY II.

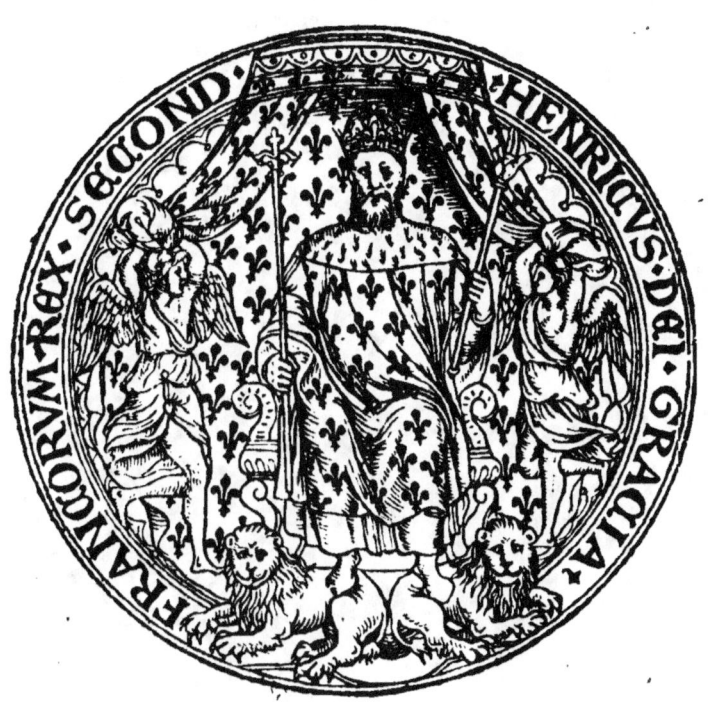

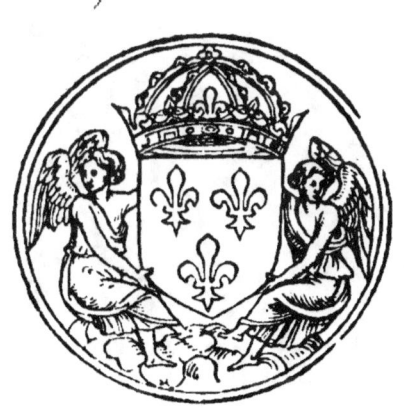

ccxliij

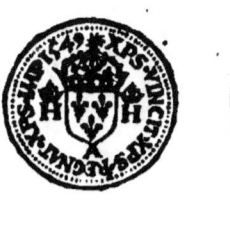 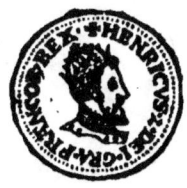

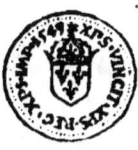 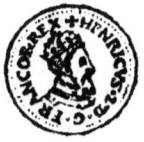

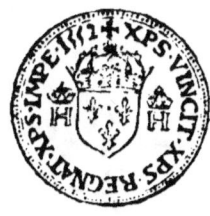 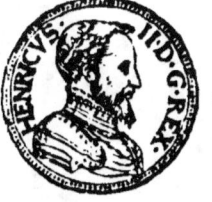

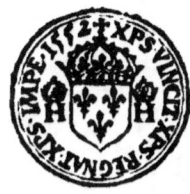 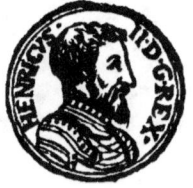

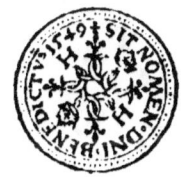 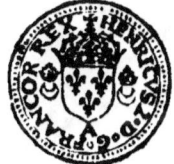

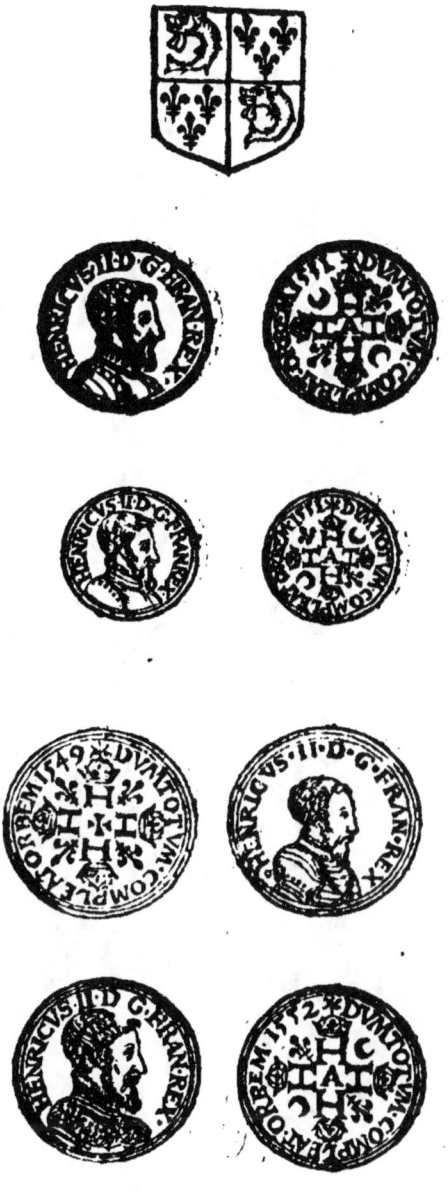

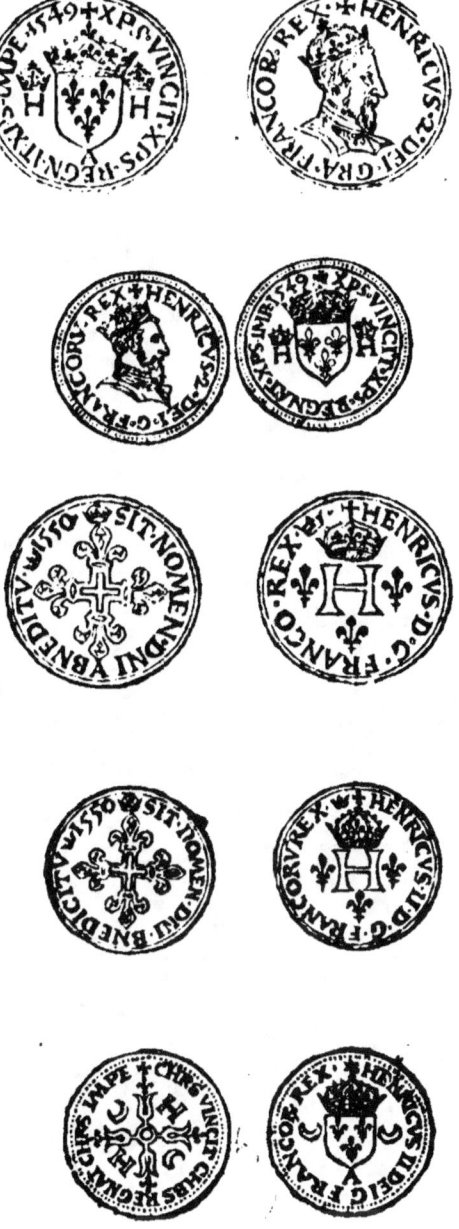

ccxlvij

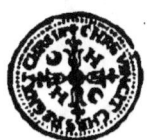  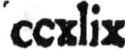

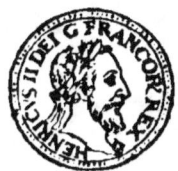 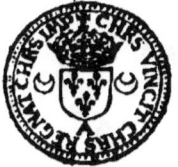

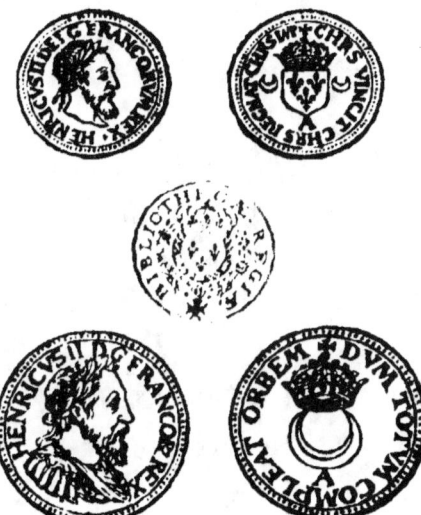

ccxliij

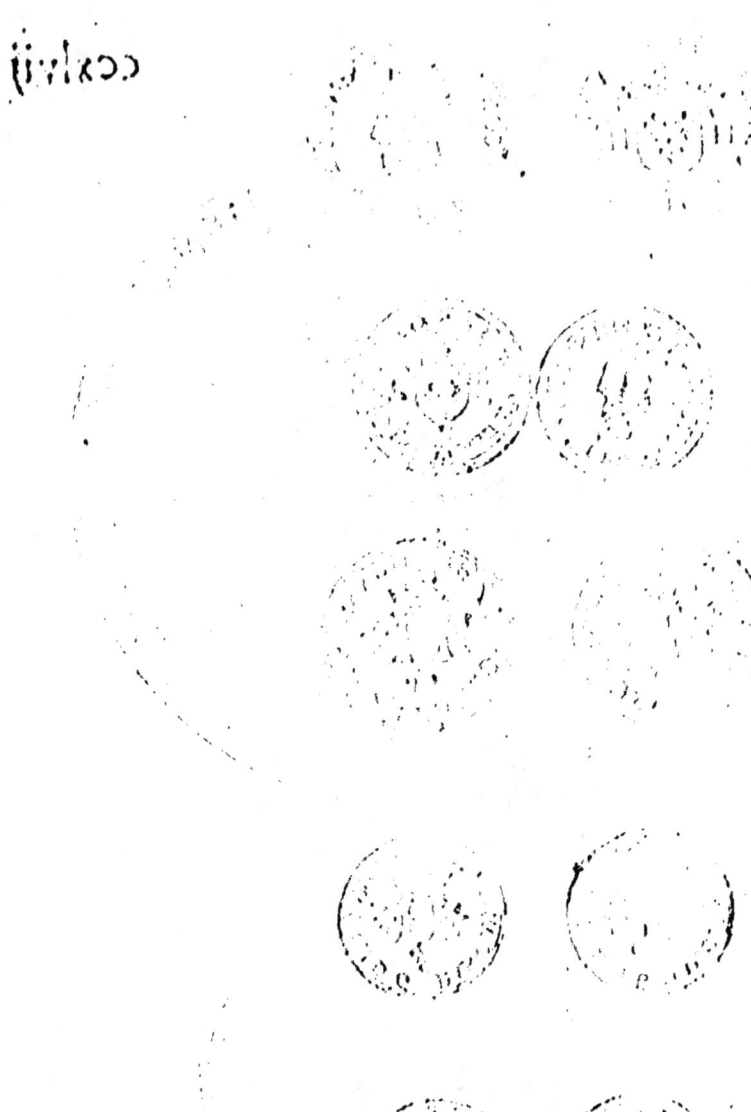

cclj

 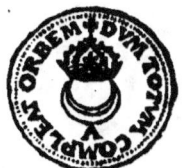

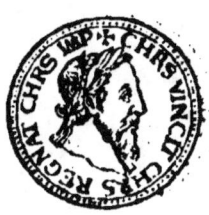 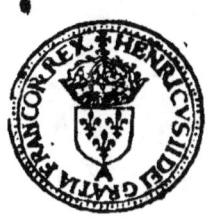

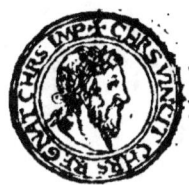 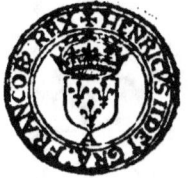

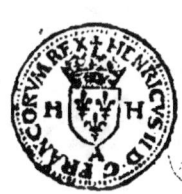 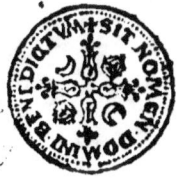

www.ingramcontent.com/pod-product-compliance
Lightning Source LLC
Chambersburg PA
CBHW052245220526
45471CB00001B/202